어·린·이·들·의·참·된·친·구
산하어린이

도서출판 산하에서 펴내는 <산하어린이> 시리즈는 이땅에서 태어나고 자라는 어린이들의 생각을 바르게 키워 주고 올곧게 잡아 주는 책들입니다. 현실에 뿌리박은 참된 삶의 모습을 보여 주는 창작동화, 우리 선조들의 삶을 생생하게 들려 주는 역사이야기, 바른 삶을 키워 주는 생활이야기, 재미있게 배워 보는 자연과 과학이야기, 우리 친구들의 글 등 다양하게 꾸며지는 <산하어린이>는 어린이들의 참된 친구가 될 것입니다.

목수의 아들 예수

산하어린이 73

목수의 아들 예수

최선주 글 · 강효숙 그림

도서출판
산하

♣ 글쓴이의 말

가장 아름다운 이야기, 예수의 삶

　이 세상에는 많은 종교가 있습니다. 그리고 많은 사람들이 종교를 믿고 종교의 가르침대로 살려고 노력합니다. 나는 어릴 적 깨끗한 마음으로 만났던 예수님을 지금까지 변함없이 믿고 있습니다.

　예수님이 우리에게 남긴 가장 아름다운 이야기는, 사랑하는 사람들을 위해 목숨을 바친 것입니다. 그런데 옛날이나 지금이나 대부분의 사람들은 자기가 믿는 종교만 최고이고 옳다고 주장합니다. 그래서 다른 사람들도 자기와 똑같은 종교를 믿게 하려고 싸우고 나라들끼리 전쟁까지 합니다. 이 얼마나 어리석은 일입니까? 세상의 수많은 종교는 사랑을 가르치고 있는데 사람들은 반대로 싸움을 더 많이 하고 있으니 말입니다.

　많은 사람들은 예수를 그저 기독교의 성자 또는 신으로만 알고 있습니다. 그래서 사람인 자기와는 아예 처음부터 다르다고 생각합니다. 예수가 십자가에 못 박혀 죽은 것은 신이니까 쉬운 일이었을 거라고 생각하고 맙니다. 그럴 때마다 예수가 사랑하는 사람들을 위해 십자가에서 죽은 희생은 비눗방울처럼 사라져 갑니다.

　예수는 우리와 같은 사람으로 태어나 우리처럼 울고 웃으며 살다가 십자가에 못 박혀 죽어야 했던 젊은이였습니다. 그러나 예수의 죽음이 단지 슬프거나 비참한 것만은 아니었습니다. 왜냐하면 그 죽음은 세상에 뿌려진 사랑의 귀한 씨앗이었기 때문입니다. 예수는 3년이라는 짧은 시간을 누구보다도 바쁘게 사랑을 전하며 살다가 사랑을 위해 목숨까지 바쳤던 용감한 젊은이였습니다. 그래서 예수가 뿌린 사랑의 씨앗은 그가 죽은 지 2000년이 지난 오늘날까지 세계 곳곳에서 그를 따르는 사람들에게 당당히 이어져 내려오고 있습니다.

　나는 머나먼 하늘 나라에서 그림자처럼 앉아 있는 신이 아닌 바로 우리와 함께 살다 갔고 지금까지 우리 곁에 머무르는 예수의 모습을 이야기하고 싶었습니다. 예수가 우리에게 가르쳐 준 사랑이 얼마나 소중한 것인지 알고 조금씩이라도 예수를 닮아 사랑을 나누는 사람이 되기를 바라며 여러분에게 이 이야기를 들려 줄까 합니다.

  예수 이야기를 쓰기 시작할 때 뱃속에서 자라기 시작한 내 아기가 이제는 세상에 태어나 엄마 눈을 바라보며 활짝 웃고 있습니다. 그러니까 이 이야기는 나와 아기와 함께 생각하고 써내려간 글이기도 합니다. 때문에 아기가 자라 이 글을 읽어도 부끄럽지 않도록 진실된 글을 쓰고자 애썼습니다.

  자, 그럼 여러분에게 따뜻한 사랑을 전해 줄 예수를 만나 보세요.

1994년 11월 최선주

목수의 아들 예수

차 례

글쓴이의 말 5

1
기다리는 사람들 11

2
베들레헴에서 빛나는 별 31

3
하나님을 만나러 간 꼬마 예수 44

4
세례 요한의 예언, 메시아 58

5
나사렛을 떠난 예수 72

6
고통받는 사람들 속으로 90

7
예수를 따르는 열 두 제자 114

8
떡 다섯 개로 5000명을 먹이다 131

9
용서하고 또 용서하라 148

10
마지막 만찬 176

11
고난의 나날들 196

12
십자가에 못 박히다 213

13
다시 살아난 예수 228

1. 기다리는 사람들

난장판이 된 약혼식

나사렛의 작은 회당 앞에 많은 사람들이 모였습니다. 회당이란 유대인들이 하나님에게 예배드리려고 마을마다 지어 놓은 예배당입니다. 사람들이 둥그렇게 둘러선 한가운데에는 젊은 남녀가 마주 서 있었습니다. 두 사람은 마리아와 요셉이었습니다.

"요셉과 마리아는 이제 결혼을 약속하고 그때까지 서로가 깨끗한 생활을 할 것을 맹세합니까?"

"네."

"자, 두 사람은 하나님과 여러 증인들 앞에서 약속했습니다. 앞으로 두 사람이 결혼하기까지 부끄럽지 않은 생활을 하는지 지켜 보겠습니다."

이렇게 말하는 사람은 마리아와 요셉을 어릴 때부터 지켜 봐 온 라비 요사밧이었습니다. 라비란 선생님이란 뜻인데, 유대인들은 지혜롭고 성서 지식이 풍부한 사람을 라비

12

로 모셔 회당에서 성서를 배웠습니다.
　요셉과 마리아를 특별히 사랑하는 라비 요사밧은 더욱

기쁜 마음으로 두 사람의 약혼 선언을 했습니다.
"네, 라비님."
마리아와 요셉은 활짝 웃으며 대답했습니다.
두 사람 다 나사렛에서 태어나고 자랐기 때문에 서로를 잘 알았습니다. 어느 새 어른이 된 두 사람은 결혼하기로 약속한 것입니다.
"언제까지 웃고만 서 있을 거야? 이제 축하 잔치를 시작해야지."
두 사람을 축하하려고 모인 마을 사람들이 말했습니다. 모두들 가난하게 살았지만 정성껏 음식을 마련했습니다. 그래서 조촐하나마 잔칫상이 차려진 것입니다.
"정말 잘 어울리는 부부가 되겠지요?"
"그럼요, 예쁜 아이도 여럿 낳아서 잘 살 거예요."
"둘 다 부지런하고 착한 사람이니 하나님께 축복받을 거야!"
마을 사람들은 저마다 한 마디씩 했습니다.

그렇게 흐뭇한 이야기들로 웃음꽃을 피우고 있을 때였습니다. 마을 저쪽에서 비명 소리가 들려 왔습니다. 사람들은 동시에 소리나는 쪽을 바라보았습니다. 땅을 울리는 말발굽 소리와 함께 뽀얀 먼지가 피어 올랐습니다. 이윽고 먼지 바람 속에서 말을 타고 달려오는 사람들 모습이 보이기 시작했습니다.

"아악, 로마 병사놈들이다!"

사람들은 놀라서 소리쳤습니다. 아이들은 큰 소리로 울음을 터뜨렸습니다. 어른들도 두려움에 슬슬 뒤로 물러섰습니다. 덩치가 큰 젊은 청년 몇 명만 앞으로 나섰습니다. 그 뒤로 여자들과 아이들, 노인들이 잔뜩 웅크리고 있었습니다.

땅을 울리며 달려온 말들이 마을 사람들 앞에서 먼지 바람을 일으키며 멈춰 섰습니다. 무기를 든 로마 병사 다섯 명이 말에서 내렸습니다.

"여기 모여서 뭐 하는 거야? 잔치라도 벌였나?"

험상궂게 생긴 로마 병사 하나가 서툰 이스라엘 말로 비꼬듯 소리쳤습니다. 마을 사람 가운데 어느 누구도 입을 열지 않았습니다. 키가 큰 다른 병사가 잔칫상 앞으로 다가서며 말했습니다.

"우리가 올 줄 알고 음식을 차린 모양인데······. 어디 맛 좀 볼까?"

그러자 라비 요사밧이 조용한 목소리로 물었습니다.

"무슨 일로 또 온 거요?"

"누군 오고 싶어서 온 줄 알아? 너희들끼리 잔치할 돈은 있으면서 나라 세금은 떼 먹을 셈인가?"

키 큰 병사가 과일을 집어 들어 땅바닥에 내던지며 버럭 소리를 질렀습니다. 뒤이어 또 다른 병사가 소리질렀습니다.

"위대한 로마 제국의 병사들이 이런 촌구석까지 밀린 세금을 걷으러 와야겠나? 네놈들은 도대체 세금을 왜 안 내는 건가? 나라 돈을 떼 먹고도 편안할 줄 알았나?"

마을 사람들은 기가 막혔습니다. 날마다 로마에 세금을 바치느라 갈수록 살기 어려웠습니다. 그런데 로마인들은 하루가 멀다하고 새로운 세금을 만들어 걷으러 오니 말입니다.

"우리는 세금을 다 냈소. 왜들 이러시오?"

요셉이 참지 못하고 입을 열었습니다.

"뭐? 세금을 다 냈다고? 웃기는군! 그럼 우리가 할 일 없이 여기까지 온 건가? 뻔뻔한 도둑놈 같으니라구. 오죽하면 이 구역을 맡은 세리가 우리에게 대신 좀 걷어 달라고 사정을 했겠나?"

로마 병사는 한층 소리 높여 말했습니다. 세리란 세금을 걷는 관리를 말합니다. 그러자 성질 급한 야곱이 앞으로 나서며 소리쳤습니다.

"그 더러운 세리놈이 뭐라고 했소? 또 무슨 세금을 더

내란 말이오? 아직도 더 뜯어 갈 구실이 있는 거요?"
 야곱은 말을 다 마치기도 전에 로마 병사의 주먹에 맞아 나가떨어졌습니다.
 "법을 어긴 놈이 더 큰소리치는 꼴이군. 위대한 로마 제국이 너희 촌놈들에게 뭘 뜯어 간다는 거냐? 우리의 보호를 받고 있으면서 세금 내는 걸 아까워하는 거냐? 당연한 일을 안 하려 하다니 정말 혼이 나 봐야 정신 차리겠군!"
 병사는 사람들을 향해 채찍을 휘두르며 위협하더니 땅에 쓰러져 있던 야곱에게 채찍질을 했습니다.
 "아악!"
 채찍을 맞은 야곱은 비명을 질렀습니다. 야곱의 찢어진 옷 사이로 피가 흘러 요셉이 달려가 야곱을 감싸 주었습니다. 다른 사람들은 겁에 질려 한 마디도 못 하고 떨고만 있었습니다.
 요셉은 끓어오르는 화를 참느라 한참 동안 바닥만 바라보았습니다. 눈에는 눈물이 고였습니다. 요셉은 힘겹게 눈물을 삼킨 뒤 입을 열었습니다.
 "잘못했습니다. 그만 화를 푸십시오. 내일까지 밀린 세금을 모두 갖다 내겠습니다. 그러니 오늘은 이만 하시고 돌아가십시오."
 요셉이 조심스럽게 이야기하자 로마 병사들은 키득거렸습니다.

"오냐, 너희가 잘못을 알았다니 이번만큼은 용서해 주겠다. 내일은 일찌감치 세금을 내도록 해라."

로마 병사들은 잔치 음식을 모두 챙기더니 말을 타고 되돌아갔습니다.

흥겨웠던 약혼 잔치는 물거품이 돼 버렸습니다. 아이들과 여자들의 울음 소리만 울려 퍼졌습니다. 남자들은 분한 마음에 한 마디씩 했습니다. 그러나 대부분의 사람들은 멍하니 하늘만 바라보았습니다.

"자, 야곱을 치료해 주자."

라비 요사밧이 야곱을 회당 안에 있는 방으로 옮기게 했습니다. 요셉이 야곱을 조심스레 업고 회당 안으로 들어갔습니다.

"라비님, 우리는 왜 늘 당하기만 하는 거지요?"

요셉은, 피를 흘리고 정신을 잃은 야곱을 바라보며 한숨을 쉬었습니다. 오늘 같은 일은 전에도 수없이 겪었기 때문에 요셉은 더 이상 대들려 하지 않고 순순히 병사들 앞에서 머리를 숙였던 것입니다. 대들어 봤자 더 많은 유대인만 다칠 뿐이라는 걸 잘 알았던 것입니다.

로마 병사는 언제나 당당하고 난폭했습니다. 말도 안 되는 세목으로 세금을 뜯어 가면서도 마치 빚 받으러 온 사람처럼 큰 소리를 쳤습니다. 반대로 유대인들은 언제나 그들 앞에서는 죄인 같았습니다. 이스라엘이 로마의 지배를 받은 뒤로 유대인은 로마인 앞에서 꼼짝할 수도 없었습니다. 그래서 날마다 세금을 뜯기거나, 아니면 이유 없이 매를 맞고 감옥에 가기 일쑤였던 것입니다.

"하나님은 우리의 억울함을 아신다."

야곱을 어루만지고 있던 라비 요사밧이 무거운 목소리로 대답했습니다.

"라비님, 하나님이 우리 이스라엘을 버리신 건 아닐까요? 전 요즘 들어 그 생각 때문에 너무 불안합니다."

요셉은 여전히 고개를 떨구고 물었습니다. 어릴 때부터 스승으로 믿고 의지했던 라비 요사밧은 언제나 똑같이 이야기했습니다.

"요셉, 너는 누구보다도 성서 이야기를 잘 알잖니? 하나님께서 앞날을 예언하신 것을 기록해 놓은 예언서에도 분명히 …….."

"네, 라비님. 전 벌써 예언서를 외워 버렸는데 왜 아직도 예언은 이루어지지 않을까요?"

"믿음이 없으면 예언이 이루어져도 깨닫지 못할 것이다, 요셉!"

"맞습니다, 하나님이 우리와의 약속을 어기실 리가 없지요. 죄송합니다, 라비님. 전 우리의 메시아를 믿고 기다리겠습니다."

이스라엘 사람들은 아주 오래 전부터 그들을 구원해 줄 메시아를 간절히 기다려 왔습니다. 메시아란 하나님이 이스라엘 사람들에게 보내 주기로 약속한 위대한 사람입니다. 그래서 메시아만 오면 남의 나라 지배를 받지 않고 평화롭게 살 수 있을 거라고 꿈꾸어 왔습니다. 요셉도 그 꿈이 이루어지기를 어릴 적부터 바랐습니다.

요셉은 고개를 들었습니다. 창문 틈으로 밝은 햇빛이 비쳤습니다. 요셉은 눈이 부셔서 실눈을 떴습니다. 놀랍게도 햇빛 한가운데에 마리아가 서 있었습니다. 그런데 마리아는 요셉의 눈에 꼭 천사처럼 보였습니다.

"그래요, 요셉. 세상이 우릴 버려도 하나님께서는 절대 우릴 버리지 않으실 거예요. 만약 하나님이 안 계시다면 우리가 이렇게 힘겹게 살 까닭이 없지요."

"마리아, 미안해요. 잠시나마 내가 흔들렸소. 분명히 메시아가 오시겠지! 다만 좀더 빨리 오시기를 바랄 뿐이오. 우리를 빨리 로마놈들에게서 구해 주셨으면 좋겠소."

"하나님께서 정하신 때가 되면 메시아가 오시겠지요. 우리는 그때까지 희망을 잃지 않으면 되구요."

라비 요사밧은 요셉과 마리아를 남달리 사랑하고 아꼈습니다. 어릴 적부터 믿음을 잘 지켜 왔고 마음에 사랑이 많았기 때문입니다. 다만 로마인에게 너무 오랫동안 당하고 살아서 지쳐 있었습니다. 그들은 오로지 한 가지 희망으로 고통을 참아 낼 수 있었습니다. 하나님이 약속한 메시아가 와서 그들을 구해 주리라는 희망이었습니다.

과연 유대인들의 희망은 이루어질까요?

한밤중에 찾아든 빛

로마 병사들의 행패로 약혼식을 망친 것도 어느 새 몇 달 전의 일이 되었습니다. 결혼식 올릴 날이 점점 가까워지자 마리아는 어느 때보다도 몸가짐을 조심했습니다. 거의 모든 시간을 어머니와 집안일 돌보는 데 보냈습니다.

'곧 어머니 곁을 떠나게 될 텐데 그때까지라도 더욱 열심히 도와 드려야지. 불쌍한 우리 어머니 …… 평생을 가난한 살림 꾸리느라 고생만 하셨는데 …….'

마리아는 이런 생각 때문에 어머니 곁을 떠날 수가 없었습니다.

하루 종일 정신 없이 집안일을 하다 보니 저녁이 되면 몸이 고단해서 금세 잠이 들었습니다. 그리곤 아침이 될 때까지 죽은 듯이 잠을 잤습니다.

모두가 깊이 잠든 한밤중이었습니다. 마리아도 깊은 잠에 빠져 있었습니다. 세상은 더없이 고요하고, 높이 달린 창 밖으로 별빛만 반짝이고 있었습니다.

"마리아 …….''

누군가가 마리아의 귓가에 대고 불렀습니다. 갑작스런 큰 소리 때문에 마리아의 눈이 반짝 떠졌습니다. 주위는 캄캄했습니다. 창 밖엔 별이 빛나고 있었습니다.

"어머니?"

마리아는 옆방에서 자던 어머니가 자기를 부른 줄 알았습니다.

"……."

사방은 고요했습니다. 분명 한밤중이었습니다. 마리아는 잘못 들었나 보다 생각하며 다시 눈을 감았습니다.

그 순간 마리아는 눈앞이 새하얗게 밝아지는 것을 느꼈습니다. 눈을 감고 있었는데도 말입니다. 마리아는 다시 눈을 떠 보았습니다. 그런데 너무 눈이 부셔서 아무 것도 볼 수가 없었습니다.

"마리아……."

밝은 빛 속에서 다시 마리아를 부르는 소리가 들렸습니다. 조금 전 잠결에 들었던 바로 그 목소리였습니다.

"누…… 누구세요?"

깜짝 놀란 마리아는 간신히 침을 꼴깍 삼키며 눈을 가늘게 떴습니다. 그제야 빛 가운데에서 어떤 모습을 발견할 수 있었습니다.

그것은…… 햇빛보다도 밝게 빛나는 날개옷을 입은 아름다운 사람이었습니다. 아니, 사람이라기보다는 천사였습니다. 천사는 얼굴과 머리카락도 하얗게 빛났습니다. 마리아는 천사가 참 아름답다고 생각했습니다.

"마리아, 놀라지 말아요."

천사는 환하게 웃으며 마리아를 바라보았습니다.

"아, 당신은 하나님의 천사가 맞지요?"

마리아는 들뜬 가슴을 달래며 물었습니다.

"그래요, 난 하나님께서 당신에게 보내신 천사랍니다."

천사는 아름다운 모습처럼 목소리도 특별했습니다. 방 안 가득 커다랗게 울리면서도 아주 맑고 부드러웠습니다.

"저 같은 시골 여자에게 무슨 일로 오셨습니까?"

마리아는 하나님이 보냈다는 말을 듣는 순간 자기도 모르게 바닥에 무릎을 꿇고 두 손을 모으며 물었습니다.

"아주 기쁜 소식을 전하기 위해서지요. 하나님께서는 당신을 아주 사랑하신답니다. 어릴 때부터 변함 없이 하나님의 말씀을 잘 지켜 왔기 때문에 당신을 택하셨어요."

천사의 말처럼 마리아는 가난했지만 하나님의 말씀대로 살려고 노력했습니다. 안식일이면 빼놓지 않고 회당에 가서 예배드리고, 라비 요사밧이 들려 주는 성서 이야기를 듣곤 했지요.

이스라엘 사람들은 지금의 토요일을 안식일이라고 불렀습니다. 안식일엔 다른 일은 전혀 하지 않고 회당에서 하나님에게 예배를 드렸습니다. 예배가 끝나면 라비에게 성서 이야기를 배우기도 했습니다. 이때는 종이가 없던 때라 책 대신 양가죽을 말려서 글자를 적어 놓은 두루마리 성서가 있었습니다.

성서 속에는 이스라엘을 만든 하나님과 이스라엘 사람들의 이야기가 가득했습니다. 처음 하나님이 세상을 만들던 이야기부터 시작해서 이스라엘 조상들이 하나님을 잘 따르다가 어느 날 잘못을 저지르는 이야기, 그 때문에 하나님을 떠나 고생하는 이야기가 나옵니다. 나중에는 앞날에 대한 이야기까지 실려 있는데 그것을 예언서라고 합니다. 예언서에는 하나님이 이스라엘을 고통스런 노예 생활에서 구해 줄 위대한 사람을 보내겠다는 약속도 담겨 있었습니다. 바로 이스라엘 사람들이 손꼽아 기다리는 메시아에 대한 약속이었습니다.

마리아도 어릴 적부터 하나님의 약속을 굳게 믿고 기다렸습니다. 로마 군인이 이스라엘을 괴롭히면 괴롭힐수록 더욱더 하나님의 약속에 매달렸던 것입니다.

그런데 마리아는 방금 들은 천사의 말을 이해하지 못했습니다.

"저……절 택하시다니요?"

"마리아, 당신은 누구보다도 하나님의 약속을 기다려 왔잖아요? 이제 하나님께서 당신을 통해 그 약속을 지키시려는 거예요."

마리아는 아직도 천사가 무슨 말을 하는지 정확히 알지 못했습니다.

"마리아, 놀라지 말고 잘 들어요. 하나님께서 당신에게 아들을 주실 거예요. 머잖아 당신은 아들을 낳게 될 테니 아기 이름을 예수라고 지어 주세요."

"저, 잠깐만요, 무슨 말씀을 하시는지 모르겠어요. 제게 아들을 주시다니요? 전 아직 결혼도 하지 않은 처녀인걸요. 그런데 어떻게 제가 아이를 낳을 수 있습니까?"

"마리아, 하나님께서 당신에게 주실 아기는 특별하답니다. 보통 사람은 남자와 여자가 결혼해야만 아기가 생깁니다. 그러나 당신이 낳을 아기는 남자를 통해서 생기는 아기가 아니라 하나님께서 신비한 손길로 만드실 아기랍니다."

"그렇지만······."

"걱정 말아요, 마리아. 하나님을 믿지 않나요? 당신 친척 엘리사벳을 보세요. 나이가 많아 아기를 낳을 수 없었는데도 하나님께서 아기를 주셨답니다. 그 아기도 특별한 아기지요."

"엘리사벳이 아기를 낳게 되나요? 정말 놀랍군요. 늙도록 아기가 안 생겨서 걱정이 많았는데······."

"마리아, 당신이 낳게 될 아기는 앞으로 하나님의 아들이라고 불릴 거예요."

"하나님의 아들이라고요?"

마리아는 깜짝 놀라 눈이 휘둥그래졌습니다.

"그래요, 세상을 어둠에서 구할 하나님의 아들입니다. 그는 당신이 기다려 왔던 메시아가 될 것입니다."

"메시아······ 우리 이스라엘의 그리스도 말씀이지요? 드디어 그리스도를 보내 주신다는 건가요? 아, 그러면 이제 이스라엘은 독립해서 행복하게 살 수 있겠군요."

마리아는 그리스도를 보내 준다는 말에 뛸 듯이 기뻐했

습니다. 그리스도란 메시아와 같은 말로 이스라엘을 구해 줄 위대한 사람이라는 뜻입니다.

"마리아, 하나님의 아들을 낳을 때까지 기도하며 준비하세요."

"저는 하나님의 종입니다. 무슨 일인지 자세히는 모르겠지만 하나님께서 시키시는 일이라면 그대로 따르겠습니다."

마리아는 고개를 숙이며 대답했습니다. 마리아는 갑자기 나타난 천사 때문에 그저 어리벙벙할 따름이었습니다. 두렵고 떨려서 말도 제대로 나오지 않았습니다. 그러니 천사의 말이 무슨 뜻인지 잘 알 수도 없었습니다. 자기같이 보잘것 없는 시골 처녀에게 하나님의 천사가 찾아왔다는 것도 믿을 수 없는 일이었습니다. 회당에서 들은 성서 이야기에는 위대한 선지자에게만 하나님이 나타났기 때문입니다.

그런데도 마리아는 천사의 말을 의심 없이 따르겠다고 했습니다. 그렇게 할 수 있었던 것은 어릴 적부터 들은 하나님은 언제나 이스라엘을 위해 좋은 일만 해 주었기 때문입니다. 그래서 마치 아버지처럼 하나님을 믿을 수 있었던 것이지요.

마리아는 그 뒤 정말 아기를 갖게 되었을까요? 그렇게 되면 사람들은 마리아를 어떻게 했을까요? 이스라엘에서는 결혼도 하지 않은 처녀가 아기를 갖게 되면 마을 사람들한테 돌에 맞아 죽게 되는데 말입니다.

고민에 빠진 요셉

마리아는 그 날로 목수 일을 하는 요셉을 찾아갔습니다. 한참 동안 머뭇거리던 마리아가 입을 열었습니다.

"요셉, 놀라지 말아요. 제가 간밤에 하나님의 천사를 만났어요."

"하나님의 천사라구? 꿈을 꾼 거로군."

요셉은 웃으며 마리아를 바라보았습니다.

"아니에요, 꿈이 아니었어요. 아주 밝은 빛 속에서 천사가 나타났어요."

"그런데 무슨 일이 있었길래 이렇게 아침부터 날 찾아온 거요?"

"요셉, 믿기 어렵겠지만 천사가 말하길······."

마리아는 어떻게 이야기할지 몰라서 머뭇거렸습니다. 그러나 얼굴은 아주 평온하고 기쁨에 차 보였습니다.

"제게 아기를 주신다고 말씀하셨어요. 저도 잘 알 수 없는 이야기였지만 하나님께서 하시는 일이니 기쁜 마음으로 따르기로 했어요. 당신에게만은 알려야 할 것 같아서 이렇게 온 거예요. 요셉, 전 이제 엘리사벳을 만나러 갈 거예요. 아마 그곳에서 여러 달 머물게 될 것 같아요."

마리아는 말을 마치자 총총히 집으로 돌아갔습니다. 요

셉은 어리둥절하여 그 자리에 한참 동안 서 있었습니다. 도무지 무슨 말인지 알 수 없었기 때문입니다.

요셉은 그 날 종일토록 아무 일도 손에 잡히지 않았습니다. 밤늦도록 잠을 이룰 수 없었습니다. 마리아가 아기를 갖게 되다니, 그건 있을 수 없는 일이었습니다. 마리아는 하나님이 아기를 주실 거라고 했지만 요셉은 그 말이 믿어지지 않았습니다. 다만 요셉은 결혼을 해야만 아기가 생긴다는 것을 알 뿐이었습니다. 만약 결혼도 하지 않은 사람이 아기를 갖게 되면 이스라엘 법에 따라 마을 사람들한테 돌에 맞아 죽게 될 거라는 것도 알았습니다. 마리아가 돌에 맞아 죽는 것은 상상하기도 싫었습니다. 그렇지만 요셉은 아기를 가진 마리아를 아내로 맞아들일 수는 없었습니다. 요셉은 밤새도록 아무 결정도 내리지 못하고 새벽이 다 돼서야 깜박 잠이 들었습니다.

"요셉……."

갑자기 어디선가 요셉을 부르는 소리가 크게 들렸습니다.

"다윗의 후손 요셉아……."

잠결에 그 소리를 들은 요셉은 깜짝 놀라 자리에서 벌떡 일어났습니다. 낡고 초라한 방 안이 빛나고 있었습니다. 요셉은 눈을 비볐습니다. 역시 대낮보다 더 환했습니다.

"요셉, 두려워 마시오. 난 하나님의 천사입니다."

요셉은 소리나는 쪽으로 고개를 돌려 보았지만 그저 눈

부시게 빛날 뿐이었습니다. 한참 동안 뚫어지게 바라보니 그제야 금빛처럼 빛나는 환한 얼굴이 보였습니다. 요셉은 겁이 나서 머리를 바닥에 대고 납작 엎드렸습니다.

"다윗의 후손인 요셉이여, 하나님께서 당신이 괴로워하고 있는 것을 보시고 나를 보내셨습니다. 마리아를 아내로 맞아들이십시오. 마리아의 아기는 하나님이 주신 아기입니다. 마리아는 앞으로 아들을 낳게 될 텐데 이름을 예수라고 하십시오. 왜냐하면 그가 이스라엘을 구할 그리스도이기 때문입니다."

천사가 이야기를 마치자 요셉은 고개를 살며시 들었습니다. 그 새 주위는 어두워져 있었습니다. 천사는 사라졌고 커다란 목소리도 더 이상 들리지 않았지요.

아주 짧게 지나가 버린 순간이었습니다. 마치 꿈을 꾼 것 같았습니다.

그런데 천사의 말을 들은 요셉은 마음이 아주 평온해졌습니다. 참 이상한 일이었습니다. 마리아를 의심하느라 괴로웠던 마음도 씻은 듯이 사라졌고 앞날에 대한 걱정도 날아가 버렸습니다. 천사의 이야기를 잘 이해할 수는 없었지만 하나님의 일이라는 생각으로 마음이 편해진 것입니다.

마침내 얼마 가지 않아 요셉은 마리아를 신부로 맞았습니다. 그러나 두 사람은 결혼을 하고도 방을 같이 쓰지 않았습니다. 마리아가 낳게 될 아기 때문이었습니다. 물론 마리아가 결혼 전에 아기를 가진 사실은 두 사람만의 비밀로 영원히 간직했습니다.

2. 베들레헴에서 빛나는 별

마구간에서 태어난 아기 예수
"여보게, 요셉. 자네도 아직 안 떠났군."

야곱이 부러진 호미 자루를 고치러 아침 일찍 요셉을 찾아왔습니다.

"내일 아침 일찍 떠날 생각이야. 로마놈들 등쌀에 더 이상 버틸 수가 있어야지. 그런데 자네는?"

"난 밭 갈던 일을 마저 끝내야 해. 그러니 며칠은 더 머물러야지. 그렇잖아도 로마 군인놈들이 어제도 떼로 몰려와 행패를 부리던데…… 아직도 호적 정리하러 안 갔느냐면서 말이야. 못된 놈들, 먹고 사는 일을 버려두고 가라는 건지……."

"야곱, 어지간하면 빨리 다녀와야 할 거야. 며칠 전 옆 마을에서는 로마 군인들에게 맞아서 많은 사람들이 다친 모양이던데. 우리 마을도 곧 들이닥쳐서 뒤집어 놓을 게 뻔하잖아?"

요셉의 말에 야곱은 깊은 한숨을 내쉬었습니다.
"어휴, 정말이지 내 명대로 못 살고 죽을 거야. 작년 자네 약혼식 때 얻어맞은 데가 아직도 아프다구. 그 뒤론 로마군을 만나도 찍소리 한번 못 했지 뭔가. 그러자니 이젠 울화병이 나서 마음이 더 아픈 것 같네. 너무 억울해. 이번 호적 정리만 해도 그래. 세금이나 더 뜯어내려는 수작이 뻔한데, 농사일도 제쳐 두고 집을 비워야 하다니……. 정말 해도 해도 너무하지 않은가?"
"그래, 그렇구말구. 더구나 자넨 우리 약혼식 때문에 괜히 로마 병사들한테 못된 꼴만 당하구…… 정말 미안하네."
"무슨 소리! 어디 있었던들 로마놈들을 만나면 무사할 수 있었겠나? 세금 걷는 데 눈이 시뻘개서 우리를 사람 취급이나 하던가. 아무럼 내가 그놈들 무서워서 친구 약혼식에 빠질려구! 참, 그나저나 마리아는 어쩔 건가? 아기 낳을 때가 다 된 것 같던데, 함께 가도 괜찮겠나?"
"그렇잖아도 걱정이네. 하필이면 이럴 때 호적 정리를 하랄 건 또 뭔가? 하여튼 밉다 밉다 하니까 로마놈들, 갈수록 미운 짓만 골라 하는군. 어쨌든 마리아는 내가 돌봐야 하고 또 같은 다윗 집안이니 함께 가야지."
"그래, 그럼 조심해서 잘 다녀오게. 난 어서 가서 밭을 마저 손 봐야겠네. 여기 고친 삽은 놓고 가네."

"고맙네. 자네도 나 없는 동안 건강하고. 하나님께서 자네와 함께하시길!"

야곱은 바쁜 걸음으로 돌아갔습니다.

요셉이 천사의 방문을 받은 지도 어느 새 열 달이 다 되었습니다. 이때 이스라엘은 로마 황제 아우구스투스의 명령 때문에 들썩이고 있었습니다. 이스라엘을 다시 혼란에 빠뜨린 명령이란 바로 호적을 새로 등록하라는 것이었습니다. 로마가 새로 인구 조사를 하려는 가장 큰 목적은 세금 때문이었습니다. 로마는 사람 머릿수대로 세금을 물게 했습니다. 때문에 그 동안 새로 태어난 사람과 호적에 제대로 올라 있지 않은 사람까지 빠짐없이 알아 내 세금을 철저히 물리려는 속셈이었던 것입니다.

이런 로마의 정책 때문에 수많은 이스라엘 사람들은 하던 일을 버려 둔 채 자기 조상들이 살던 동네로 찾아가야 했습니다. 늑장을 부리면 로마군에게 꼼짝없이 붙들려 심하게 매를 맞았습니다.

요셉과 마리아는 이스라엘의 위대한 왕이었던 다윗의 후손이었습니다. 그래서 다윗이 살던 동네인 베들레헴으로 가야 했습니다.

다음 날 날이 밝자 마리아와 요셉은 일찌감치 길을 떠났습니다. 마리아는 아기를 낳을 때가 다 돼서 배가 한껏 불렀습니다. 요셉은 나귀 등에 안장을 얹고 마리아를 태운 뒤 짐을 싣고 걸어갔습니다. 베들레헴까지는 먼길이었습니다. 이들의 걸음으로는 남들보다 하루가 더 걸렸습니다. 마리아 때문에 무리해서 걸을 수가 없었기 때문입니다.

힘겨운 여행 끝에 요셉과 마리아는 베들레헴에 도착했습

니다. 베들레헴은 호적을 등록하러 온 사람들로 가득 차 있었습니다.

요셉이 이리저리 뛰어다니며 방을 구하려고 애썼습니다. 그러나 베들레헴 어디에도 빈 방은 남아 있지 않았습니다.

"마리아, 큰일이구려. 곧 아기를 낳을 것 같은데 빈 방이 없으니······."

산처럼 부른 마리아의 배를 걱정스레 바라보며 요셉은 한숨을 내쉬었습니다.

"요셉, 아기가 나오려면 좀더 있어야 하니까 너무 걱정 마세요. 게다가 이 아기가 어떤 아기예요. 하나님께서 주신 아기잖아요? 그러니 아무럼 길거리에서 태어나도록 하시겠어요? 좀더 찾아보면 분명 우리가 쉴 곳이 있을 거예요."

"당신 말이 맞아요. 내가 당신 걱정으로 안달이 났던 모양이오. 다시 힘을 내서 저 집으로 가 봅시다."

요셉과 마리아는 마음 속으로 방을 구하게 해 달라고 기도하며 다음 집을 찾아갔습니다.

"주인장, 빈 방 있습니까?"

요셉이 방을 찾자 여관 주인은 고개를 저었습니다.

"베들레헴 어딜 가도 오늘은 방을 구할 수 없을 거요. 다른 사람들처럼 길거리에서 주무셔야 할 겁니다."

"제 아내가 곧 아기를 낳을 겁니다. 그러니 길거리에서 오늘 밤을 보낼 수는 없어요."

요셉의 딱한 사정을 듣고 여관 주인이 마지못해 말했습니다.

"참, 우리 마구간 한 켠이 비어 있는데 …… 거긴 그래도 지붕이 있으니 낫지 않겠소? 괜찮다면 오늘 밤을 거기서 지내시구려."

요셉과 마리아는 마구간에서 밤을 보내기로 했습니다. 그들은 마른 풀 위에 깨끗한 천을 깔고 누웠습니다. 아기가 태어나면 눕히려고 빈 말구유에 깨끗한 새 풀을 넣고 준비해 온 새 천을 깔았습니다.

마침내 한밤중에 마리아는 아기를 낳았습니다. 여관 안주인이 아기 낳는 것을 도와 주었습니다. 아기를 잘 싸서 말구유에 뉘었습니다.

"마리아, 수고했어요. 그런데 이런 마구간에서 아기를 낳게 해서 정말 미안하오."

"아니에요, 여긴 왕궁보다 편안한걸요. 그나마 마구간조차 없었다면 어쩔 뻔했어요? 이곳은 분명 하나님께서 미리 정해 두신 곳일 거예요. 우리 아기는 앞으로 이스라엘을 구할 아기잖아요? 그러니 이곳은 분명 왕궁이구요. 저 순진한 눈빛의 소와 나귀들을 보세요. 이곳은 정말 평화로운 곳이에요."

마리아는 아기가 태어난 기쁨으로 힘든 것도 잊은 채 웃으며 잠이 들었습니다.

아기 예수를 죽이려 한 헤롯 왕

아기 예수가 태어나던 날, 베들레헴에 있는 헤롯 왕의 궁전에는 이상한 손님이 찾아왔습니다. 헤롯 왕은 로마의 도움을 받아 갈릴리 땅을 다스리던 왕이었습니다. 그래서 유대인보다는 로마인에게 잘 보이려고 애썼습니다. 그러다 보니 유대인들은 헤롯 왕을 몹시 미워했습니다.

"대왕마마, 동쪽 나라에서 박사 세 사람이 마마를 뵈러 찾아왔습니다. 만나 보시겠습니까?"

"동방 박사들이? 무슨 일로 왔다더냐?"

"네, 그것이 좀 이상합니다만…… 새로 태어난 왕께 인사드리러 왔다고 합니다."

"새로 태어난 왕이라니, 그게 무슨 말이냐? 나 말고 여기 왕이 또 있다는 게냐?"

"저도 무슨 말인지 알 수가 없습니다, 마마."

"어서 이리로 데려와라!"

헤롯 왕은 신경이 곤두섰습니다. 왕 자리를 **빼앗**길까 봐 불안에 떨었으니까요. 헤롯 왕은 참으로 못된 짓을 많이 했습니다. 왕 자리를 지키려고 동생까지 죽였습니다. 그러니 이스라엘 백성들이 언제 폭동을 일으킬지 모를 일이었습니다.

이윽고 동방 박사 세 명이 안으로 들어왔습니다.

"마마, 갑작스럽게 찾아온 것을 용서하시기 바랍니다. 저희는 동방 갈대아에서 온 천문학 박사입니다."

"천문학 박사들이라고? 별을 연구하는 자들인가?"
"네, 마마. 보다 정확히 말씀드리면 저희는 별의 움직임을 지켜 보다가 새로운 사실을 알려 주는 별이 나타나면 이렇게 여행을 떠납니다."
"그래? 그럼 너희가 여기까지 찾아온 까닭은 뭔가? 이번엔 별이 뭐라 하던가?"
"네, 유대 베들레헴에서 위대한 왕이 태어나신다는 사실을 알게 되었습니다. 저희는 이미 유대의 앞날을 적어 놓은 예언서를 공부했기 때문에 이곳에서 왕이 나실 것을 알았습니다. 단지 정확한 시간을 몰랐는데, 최근에 새로 나타난 별 하나 때문에 알게 된 것이지요. 그래서 이렇게 서둘러 귀한 보물을 챙겨 아기 왕께 인사드리러 온 것입니다만……."
헤롯 왕의 얼굴은 뻣뻣하게 굳어지고 있었습니다.
'왕이 태어나다니? 그렇다면 내 왕 자리가 위험하다는 말이잖는가? 이제 새로 태어난 아기라면 …… 그래, 죽여 버려야 해. 어떻게 얻은 왕 자리인데, 그 따위 갓난 아기에게 빼앗길까 봐?'
헤롯 왕은 당황한 모습을 들키지 않으려고 억지 웃음을 지어 보였습니다.
"이보게, 박사들. 정말 기쁜 일이구만. 위대한 왕이 탄생하시다니! 그 아기가 자라서 이 나라를 잘 다스리게 된다니 정말 기쁜 일이잖구! 그런데 안타깝게도 여기서 태어나질 않았지 뭔가. 나도 정말 궁금하네. 그대들이 아기를 어서 찾아 내서 내게도 알려 주게. 나도 가서 인사를 드릴 수 있도록 말일세."

동방 박사들은 헤롯 왕궁을 나왔습니다. 왕이 태어났다면 당연히 왕궁일 거라고 생각했던 그들의 생각이 틀렸던 것입니다. 이제 그들은 어디로 갈지 막막했습니다. 주위를 두리번거리고 있을 때 왕궁 저쪽 하늘에 빛나는 별이 나타났습니다. 처음부터 그들을 인도해 주었던 바로 그 별이었습니다. 박사들은 그 별을 따라 마침내 베들레헴 변두리의 낡은 마구간까지 이르게 되었습니다.

"놀라지 마십시오, 축복받은 여인이여. 우리는 당신이 낳은 아기 왕께 경배를 드리려고 왔습니다. 예언서대로 이 아기는 장차 위대한 왕이 될 것입니다. 여기 왕께 드릴 선물을 가져왔습니다."

박사들은 준비해 온 황금과 몰약, 유향을 내놓고 다시 길을 떠났습니다. 새벽녘이었으므로 들판에서 천막을 치고 잠자리에 들었습니다. 그런데 신기하게도 세 박사가 똑같은 꿈을 꾸고 잠에서 깨어났습니다. 꿈에 천사가 나타나, 절대로 헤롯 왕에게 가지 말고 군사들을 피해 멀리 돌아서 박사들의 나라로 돌아가라고 했습니다.

그 날 밤을 꼬박 새우고 기다린 헤롯 왕은 박사들이 돌아오지 않자 더욱 초조해졌습니다. 군사들을 베들레헴 시내에 풀어 박사들을 찾아오게 했습니다. 그러나 박사들은 이미 떠난 뒤였습니다.

헤롯 왕은 얼굴이 파래져서 궁전 안을 왔다갔다했습니다.

'이제 어디 가서 그 아기를 찾아 내지? 박사들은 어떻게 알고 도망친 거지? 아…… 이를 어쩌면 좋아. 왕 자리를 뺏기지 않으려고 동생까지 죽였는데 고작 이제 태어난 아기 때문에 이렇게 불안해야 하다니!'

한참 고민하던 헤롯 왕은 마침내 끔찍한 방법을 생각해

내고 말았습니다.
 '그래, 분명 베들레헴에서 태어났다고 했지? 그렇다면 아예 씨를 말리기도 쉽잖아? 이 좁은 고을에 아이들이 있어 봤댔자 몇 명이나 되겠어? 기껏해야 몇 십 명? 그래, 그까짓 몇 십 명을 없애서 내 왕 자리가 지켜진다면 못 할 것도 없잖아?'
"여봐라, 군사 대장 들라 해라."
베들레헴을 지키던 군사 대장이 급히 불려 왔습니다.
"무슨 일로 급히 찾으셨습니까?"
"이 땅의 평화를 위해 아주 중요한 명령을 내리겠다. 베들레헴 시내에 있는 두 살 이하의 남자 아기들을 모조리 잡아 죽이도록 하라."
헤롯 왕은 마치 미친 사람처럼 눈을 빛내며 명령을 내렸습니다. 명령을 받은 군사 대장은 온몸에 소름이 끼쳤습니다. 살인마 헤롯 왕의 병이 다시 도졌다고 생각했습니다.
그러나 군사 대장은 차마 명령을 거역하지 못했습니다. 명령을 거역하면 아기들보다 자신이 먼저 죽을 것을 알기 때문입니다. 군사 대장은 마침내 부하들을 데리고 베들레헴 시내로 나섰습니다.
순식간에 베들레헴 시내는 쑥대밭이 되었습니다. 군사들은 아기들을 보면 닥치는 대로 죽였습니다. 아기를 지키려다 많은 어머니들이 같이 죽기도 했습니다. 모든 사람들이 겁에 질려 집 안에 틀어박혀 있었습니다. 슬픔으로 찢어질 듯한 울음 소리만 온 시내에 울려 퍼졌습니다. 길거리는 죄 없는 아기와 어머니들이 흘린 피로 지옥 같았습니다.

그렇다면 정작 헤롯 왕이 죽이려 했던 아기 예수는 어떻게 되었을까요? 헤롯 왕의 뜻대로 군인의 칼에 죽고 말았을까요?

이집트로 가라
동방 박사들이 돌아간 뒤 요셉도 잠자리에 들었습니다. 오랜 여행 끝에 너무도 지쳐 있었습니다.
"어서 일어나시오, 요셉!"
벼락치듯 커다란 소리에 요셉은 화들짝 놀라서 잠을 깼습니다. 이른 새벽인 듯한데 마구간 안은 대낮보다 환했습니다.
"요셉, 당신은 지금 즉시 일어나 이곳을 떠나야 합니다."
요셉이 고개를 돌려 문 쪽을 바라보니 열 달 전에 만났던 바로 그 천사였습니다.
"무슨 일이십니까?"
"헤롯 왕이 아기들을 죽이려고 군사들을 베들레헴 가득 내보냈습니다. 그러니 빨리 마리아와 아기를 나귀에 태우고 이집트로 피해야 합니다. 베들레헴을 통과하지 말고 바깥으로 돌아가십시오. 하나님께서 도우시니 걱정

말고 이집트로 가십시오. 안전하게 되면 알려 드릴 테니 그때까지 이집트에 머무르세요. 자, 어서 떠나세요."

요셉은 곤히 잠든 마리아를 깨웠습니다. 걱정시키지 않으려고 헤롯 왕 이야기는 하지 않았습니다.

"마리아, 하나님의 천사가 방금 다녀갔소. 그런데 우리더러 당분간 이집트에 가서 살라고 하셨소. 무슨 뜻인지는 이집트에 가면 알려 주시기로 했소. 그러니 빨리 떠나야 할 것 같소."

이렇게 해서 마리아와 요셉, 아기 예수는 헤롯 왕의 칼을 피해 이집트로 갔습니다. 그리곤 이집트에서 여러 달 머물렀습니다. 다행히 동방 박사들이 선물로 주고 간 보물이 있어서 이집트에서 편안한 생활을 할 수 있었습니다.

3. 하나님을 만나러 간 꼬마 예수

나사렛의 꼬마 예수

자신의 왕 자리를 지킬 욕심으로 아기들을 죽인 헤롯 왕도 마침내 죽고 말았습니다. 아기들을 무참히 죽인 뒤 몇 달 지나지 않아 갑자기 죽게 된 것입니다. 사람들은 벌을 받아 죽은 것이 틀림없다고 수군댔습니다.

헤롯이 다스리던 왕국을 세 아들이 나눠 갖게 되었습니다. 예루살렘을 포함한 유대 지방은 아켈라우스가 맡아 다스렸습니다. 헤롯 왕과 가장 닮은 악독한 헤롯 안티파스는 갈릴리와 베레아 지방의 왕이 되었습니다. 나머지 동북부 지역은 셋째 아들인 필립이 차지했습니다.

헤롯 왕이 죽자 요셉 식구는 고향으로 돌아오게 되었습니다. 그들은 전에 살던 나사렛으로 가서 살았습니다. 요셉은 여전히 목수 일을 했고 마리아는 아들 예수를 정성껏 키우며 집안일을 돌보았습니다. 마리아와 요셉의 지극한 정성으로 예수는 건강하고 지혜로운 소년으로 자랐습니다.

"어머니, 회당에 다녀오겠습니다."
"안식일도 아닌데 회당엔 또 무슨 일로 가는 게냐?"
"회당에 가면 라비님께 성서 이야기를 들을 수 있거든요. 저도 이제 글을 어느 정도 익혔으니 성서를 혼자 볼 수도 있구요."
"예수야, 라비님께서 귀찮아하시지 않도록 얌전히 굴어야 한다."
"네, 어머니, 걱정 마세요. 라비님께서 절 얼마나 좋아하시는데요. 제가 성서 이야기를 해 달라고 조를 때마다 라비님께서는 늘 웃으시며 들려 주세요."
"라비님께서 연세가 많아서 힘드실 게다. 그러니 너무 오래 있지 말아라."
"네, 그럼 다녀오겠습니다."

예수는 어느 새 열 두 살이 되었습니다. 또래 아이들보다 키가 한 뼘은 더 크고 건강했습니다. 벌써부터 아버지 요셉을 도와 간단한 목수 일도 곧잘 해냈습니다. 또한 매우 총명하여 같이 회당에서 공부하는 소년들보다 훨씬 일찍 글을 익혔습니다.

예수는 무엇보다도 회당에서 라비가 가르쳐 주는 성서 이야기를 좋아했습니다. 라비도 예수의 총명함을 아껴서 시간이 나는 대로 예수에게 성서를 가르쳐 주었습니다.

예수는 한번 성서 이야기에 빠지면 시간 가는 줄도 몰랐습니다. 글을 어느 정도 알게 된 뒤에는 스스로 두루마리 성서를 찾아 읽기도 했습니다.

"라비님, 평안하시기를 기도합니다."

예수는 제법 의젓하게 예를 갖춰 인사했습니다.

"예수로구나, 너도 평안하기를……."

라비는 예의를 잘 갖추는 예수가 대견했습니다.

"그래, 오늘은 무슨 공부를 하고 싶으냐?"

"이사야의 예언서를 공부하고 싶습니다."

"그래, 그럼 이사야서를 찾아 가지고 오마."

예수는 라비의 이야기를 들을 때면 시간 가는 것도 까맣게 잊곤 했습니다. 이 날도 일찍 돌아오겠다고 어머니와 약속을 했습니다. 그러나 이야기에 빠져 있다가 그만 저녁 기도 시간이 다 돼서야 생각이 나고 말았습니다.

"예수야, 이제 그만해야겠구나. 저녁 기도 시간이 다 돼서 준비를 해야겠다."

"앗, 또 깜박했습니다. 오늘은 꼭 일찍 돌아가기로 어머니께 약속드렸는데……."

"하하하, 또 야단 맞겠구나. 처음부터 내게 말하지 그랬니? 그럼 좀더 일찍 끝냈을 텐데!"

"라비님, 내일이면 저도 예루살렘에 가게 되잖아요. 그래서 오늘은 준비할 게 많았거든요."

"맞아, 나도 그 생각을 미처 못 했구나. 허허, 네가 어느 새 자라서 열 두 살이 되다니! 세월 참 빠르구나. 그래, 그럼 잘 다녀와라. 예를 잘 갖추고 하나님의 성전에 다녀와야 한다."

"네, 라비님. 명심하겠습니다. 그 동안 평안하시기를 ……."

"그래, 네게도 평안이 함께하기를 하나님께 기도하마."

조용히 회당을 나온 예수는 곧바로 집을 향해 단숨에 내달았습니다. 숨이 턱에 차도록 달려서 집에 다다르니 아버지 요셉은 벌써 들어와 있었습니다.

"아버지 어머니, 늦어서 죄송합니다. 오늘은 이사야서를 공부했어요. 라비님의 이야기를 듣다 보니 시간이 얼마나 지났는지 알 수 없었습니다."

요셉은 그저 웃고만 있었습니다. 어머니 마리아는 한참 동안 예수를 쳐다보다가 입을 열었습니다.

"놀다 온 것이 아니니 나무라지는 않겠다. 그렇지만 이젠 너도 네 말에 책임을 질 줄 알아야 한단다. 열 두 살부터 예루살렘 성전에 데리고 가는 것은 그 나이면 어른이나 마찬가지라는 뜻일 게다. 더구나 유월절은 우리 유대 민족에게는 중요한 명절이잖니?"

"네, 저도 배웠어요. 우리 조상들이 이집트에서 노예로 살 때 하나님께서 모세를 통해 기적을 보이셨죠. 그래서 우리 조상들이 이집트에서 무사히 탈출할 수 있었고, 그것을 기념하기 위한 명절이 유월절이지요."

요셉은 흐뭇한 듯 고개를 끄덕였습니다.
"예수가 아주 잘 배웠구나. 그래서 우리는 하나님께 감사드리는 유월절 예배를 예루살렘 성전에 가서 드리는 거구."
"네, 아버지. 저는 정말로 기대가 커요. 말로만 듣던 예루살렘 성전이 어떻게 생겼을까 너무 궁금하거든요."
"그렇게 궁금하다면 좀더 일찍 와서 네 짐을 싸야 하지 않았니?"
마리아는 끝내 핀잔을 주며 웃었습니다.

예루살렘으로 간 예수

이스라엘 사람들에게 유월절은 큰 명절 가운데 하나였습니다. 하나님이 그들을 노예 생활에서 구해 내려고 큰 기적을 베푼 것을 기념하는 날이기 때문입니다.

유월절이면 예루살렘은 사람들로 가득 차서 발 디딜 틈도 없을 정도입니다. 요셉의 식구도 여러 친척들과 함께 여행을 떠났습니다. 나사렛에서 예루살렘까지는 먼길이었기 때문에 되도록 여러 사람이 함께 떠나곤 했습니다.

무척 고된 여행길이었습니다. 여러 날이 걸리기 때문에 저마다 나귀에 짐을 잔뜩 싣고 모래 바람이 자주 이는 마른 땅을 하루 종일 걸어야 했습니다. 새벽녘을 빼곤 햇빛이 무척 뜨거워서 나이 어린 예수에게는 더욱 힘든 길이었습니다.

"예수야, 어디 불편한 데는 없니?"

요셉은 가끔씩 걱정스레 묻곤 했습니다. 여행길에 아프기라도 하면 큰일이기 때문입니다.

"네, 제 걱정은 마세요. 어머니께서 더 힘드신 것 같아요. 괜찮으실까요?"

어린 예수는 오히려 어머니 걱정을 했습니다. 물론 힘든 길이었습니다. 종일 걷자니 다리가 끊어질 듯 아팠습니다. 날씨가 더워서 무척 목이 말랐습니다. 또래 다른 아이들도 모두 지쳐 있었습니다.

그러나 예수는 좀처럼 지치지 않았습니다. 체격도 좋고 제법 건강한 탓이기도 했지만 그보다는 예루살렘 성전에 대한 기대 때문이었습니다. 어릴 적부터 말로만 듣던 성전을 드디어 볼 수 있다는 설렘으로 힘든 것도 잊을 수 있었습니다.

"예수야, 저기 성벽이 보이지? 저기가 바로 예루살렘이란다."

마리아가 멀리 보이는 성벽을 가리키며 말했습니다.

"와, 드디어 예루살렘이군요, 어머니!"

"그래, 저 성 안에 네가 그렇게 보고 싶어하던 성전이 있단다."

예루살렘으로 들어가는 사람이 많아서 성에서 한참 떨어진 곳까지 길게 줄이 늘어서 있었습니다. 더구나 로마 군인들이 신분 조사를 하느라 성문을 통과하는 데 시간이 더욱 걸렸습니다.

"줄 서서 기다리는 시간이 이제까지 걸어온 시간보다 더 걸리는 것 같아요, 아버지."

"그렇구나. 지루하지? 어째 다 와서 이 모양인지……. 올해는 로마군의 검사가 더 심해졌구나."

3. 하나님을 만나러 간 꼬마 예수

"뭘 조사하는 거지요?"
"얼마 전 로마에 반대하는 폭동이 갈릴리에서 일어났단다."
"갈릴리라면 우리 동네와 가까운 곳이지요?"
"그래, 로마에 반대하는 사람이 점점 많아지니까 로마군이 더 지독해진 거지!"

로마 총독이 예루살렘을 다스리게 되면서 이스라엘 사람들의 반항은 더욱 심해졌습니다. 이즈음 여기저기서 폭동이 일어나 로마군은 바짝 긴장해 있었던 것입니다. 더구나 유월절에는 이스라엘 곳곳에서 사람들이 모여들기 때문에 폭동이 일어날 가능성이 더욱 높아지지요. 그래서 로마군은 예루살렘 성 안으로 들어오는 모든 사람을 철저히 조사했던 것입니다.

마침내 요셉의 식구도 조사를 받고 성 안으로 들어갔습니다. 예루살렘 성 안은 수많은 사람들이 파도치듯 몰려다녔습니다. 성전 앞은 갖가지 장사꾼들로 붐볐는데, 성전에서 제사드릴 때 필요한 비둘기나 어린 양을 파는 장사꾼이 대부분이었습니다. 예수에게는 모든 것이 새롭고 신기했습니다. 그러나 어느 것도 성전을 바라보는 예수의 눈을 돌릴 수는 없었습니다.

요셉과 마리아는 잠시 서로를 쳐다보더니 웃음을 머금고 예수를 바라보았습니다. 눈도 깜박이지 않고 성전을 뚫어져라 바라보던 예수가 마침내 입을 열었습니다.

"역시 하나님의 성전은 아름답네요. 장사꾼들 때문에 좀 시끄럽긴 하지만……."

예수는 성전에 장사꾼들이 가득 차서 시장터처럼 된 것이 못마땅했습니다. 성전은 하나님에게 예배드리는 곳이므로 깨끗하고 조용해야 사람들도 마음을 다해 기도할 수 있을 거라고 생각했기 때문입니다.

"뭐라고 했니?"

"아니에요, 아버지. 예배드릴 시간이 다 돼 가요. 어서 들어가요!"

요셉은 예수를 데리고 성전 안으로 들어갔습니다. 여자들은 바깥 마당까지만 들어갈 수 있었습니다. 마리아는 함께 온 여자 친척들과 바깥에서 예배가 진행되는 소리를 들었습니다.

예배가 끝나자 남자들이 성전에서 쏟아져 나왔습니다. 어른 아이 할 것 없이 엄숙한 얼굴로 성전을 나왔습니다. 예수는 다른 소년들과 함께 어울려 다니지 않고 생각에 잠겨서 혼자 성전 안팎을 돌아다녔습니다. 여기저기서 라비들이 모여 토론을 하고 있었습니다. 예수는 이야기 듣는 데 정신이 팔려 시간 가는 줄 몰랐습니다.

아버지의 집

한편 요셉과 마리아는 예수가 따라오는 줄 알고 친척들 틈에 끼여 나사렛으로 돌아가고 있었습니다. 모두들 오랜만에 만나서 이야기 나누기에 바빴습니다. 아이들은 아이들대로 한데 모여 이야기하면서 어른들 뒤를 따랐습니다.

예루살렘을 떠나 반나절을 꼬박 걸었습니다. 해지기 전에 천막 칠 곳을 찾아야 했습니다. 집에 도착할 때까지 여러 밤을 들판에서 천막을 치고 자야 했습니다. 요셉과 마리아는 천막을 세우고 나서 예수를 찾았습니다.

"예수야? 이 애가 어디로 갔나?"

마리아는 아이들이 모여 있는 곳에 예수가 보이지 않자 고개를 갸우뚱했습니다. 여기저기 헤매고 찾아도 예수가 보이지 않자 마리아는 당황했습니다.

"요셉, 이상해요. 예수가 안 보여요."

"무슨 소리요? 예수가 없다니? 아이들 틈에 끼여 놀고 있었는데……."

"언제 예수를 보셨어요? 아이들은 아무도 예수를 못 봤다고 하던데요."

"아, 그러고 보니 아침 일찍 성전을 나와서 곧바로 떠났는데…… 예수는 당연히 따라오리라 생각했지……."

"설마, 이 아이가 길을 잃은 건 아닐까요?"

"너무 걱정 말아요. 반나절을 걸어왔으니까 되짚어 가다 보면 찾을 수 있겠지요."

이렇게 말하는 요셉의 목소리도 떨렸습니다. 마리아는 눈물을 겨우 참고 있었습니다.

"지금 바로 돌아가요, 요셉!"
"그럽시다. 가다가 해가 지면 대강 잠자리를 마련하도록 하고!"

두 사람은 친척들에게 인사를 하고 바로 길을 떠났습니다. 피곤도 잊은 채 빠른 걸음으로 되돌아갔습니다. 날이 어두워지자 달빛이 길을 밝혀 주었습니다. 새벽녘에 예루살렘에 다다른 두 사람은 시내를 샅샅이 찾아보았지만 어디에도 예수는 없었습니다.

"요셉, 어쩌면 좋아요?"
"마리아, 아직 다 돌아본 게 아니잖소. 이대로 성전까지 가 봅시다."

성전 뜰에는 새벽인데도 많은 사람들이 있었습니다. 여기저기 무리를 이뤄 토론을 하는 라비들과 사람들로 붐볐습니다. 무리 가운데 아이의 모습은 보이지 않았습니다.

"허허 …… 신통하다."
"어린 것이 성서에 대해 많이 알고 있군!"
"글쎄 뉘 집 자손인고?"

한 무리의 사람들 가운데서 이런 소리가 터져 나왔습니다. 마리아는 자기도 모르게 그쪽으로 이끌려 갔습니다. 사람들이 제법 모여 둘러서 있었기 때문에 한가운데가 보이지 않았습니다.

"예언서에 그렇게 나오지 않았습니다."

마리아는 귀에 익은 예수의 목소리를 들은 것 같아 곧추

3. 하나님을 만나러 간 꼬마 예수 55

서서 그쪽을 쳐다보고 있는데 예수는 보이지 않고 뒤이어 나이 지긋한 목소리가 들렸습니다.

"그래, 네 말이 맞구나. 어린 나이에 예언서까지 잘 기억하고 있다니, 기특하구나!"

마리아는 귀를 바짝 세웠습니다. 아까 목소리가 또 들릴까 해서였습니다.

"고맙습니다, 라비님. 좋은 말씀 잘 들었습니다. 평안이 함께하시길 기도하겠습니다."

설마 했는데, 이번엔 틀림없는 듯했습니다. 분명 아들 예수의 목소리였던 것입니다. 마리아는 기뻐서 사람들 틈을 힘껏 비집고 들어갔습니다. 역시 한가운데에 예수가 있었습니다. 나이 많은 라비들과 마주 앉아 이야기를 나누고 있는 아이가 바로 예수였던 것입니다.

"예수야!"

마리아는 힘을 다해 아들의 이름을 불렀습니다.

"어머니?"

예수는 그제야 시간이 많이 흐른 것을 알았습니다.

"여기 있는지도 모르고 하루 종일 너를 찾아 헤맸구나! 어쩌다 여기 혼자 남았던 게냐?"

마리아는 예수를 꼭 끌어안고 눈물을 흘렸습니다. 예수는 그제야 자기가 많은 시간 동안 혼자 떨어져 있었다는 것을 알았습니다. 부모님이 얼마나 걱정했을까 생각하니 어찌할 바를 몰랐습니다.

그렇지만 자기를 다른 데서 찾고 다닌 것을 이해할 수 없었습니다.

"어머니, 왜 저를 찾느라 다른 곳을 헤매셨어요? 절 잘 아시잖아요. 제가 하나님 아버지 집에 있을 줄 모르셨나요?"

하나님 아버지 ……. 예수가 하나님을 얼마나 가깝게 느끼고 있었는지를 알 수 있는 말이었습니다. 다른 사람들은 그 말을 무심코 흘려 들었지만 어머니 마리아만은 그럴 수가 없었습니다. 앞으로 예수가 가야 할 길이 어떤 길인지 어렴풋이 느껴지는 듯했습니다.

4. 세례 요한의 예언, 메시아

또다시 들리는 메시아 소문

세월이 흘러 소년 예수는 어느 새 서른 살 청년으로 자랐습니다. 예수는 아버지 요셉을 일찍 여의고 목수 일을 물려받아 생활했습니다. 차분한 성격의 예수는 솜씨 좋은 목수로 소문이 났습니다. 때로는 옆 마을에서도 일거리를 맡기곤 했으니까요.

"여보게, 예수. 잘 있었나? 오늘은 좀 큰 일을 부탁하러 왔네."

"오랜만에 오셨네요. 다들 안녕하십니까?"

"그럼, 다들 잘 있네. 그나저나 이번에 집을 고쳐야 하는데, 방을 두 개 더 만들려고 하니 자네가 좀 해 줄 수 있겠나?"

"그럼요, 해 드리지요."

이 날도 예수는 아침부터 바빴습니다. 농기구 여러 자루를 고치고 낡은 의자의 부러진 다리도 새로 달아 주었습니다. 한참 문짝을 만들고 있는 참에 집을 고쳐 달라는 손님이 찾아온 것입니다. 자기 차례를 기다리고 있는 사람도 여럿 있었습니다. 사람들이 모이다 보니 자연히 이야기꽃이 피기 시작했습니다.

"참, 여러분, 소문 들으셨어요?"

이웃 마을 갈릴리에서 생선을 사다 파는 청년이 말을 꺼냈습니다.

"어제 갈릴리에 갔다가 들은 얘기인데요, 예언자가 나타났대요."

"예언자라구? 네가 봤냐?"

문짝을 새로 만들러 온 노인이 물었습니다.

"아니요, 저는 갈릴리에 사는 어부, 요한에게 들었어요."

청년은 고개를 저으며 대답했습니다.

"그럼 헛소문일 테니 얘기도 말아라. 예언자니 메시아니 하는 소문이 하도 자주 돌아서 이젠 듣기 지겹다."

"아니에요, 할아버지. 요한은 헛소문이나 퍼뜨릴 사람이 못 돼요. 요한은 그 예언자의 제자가 될 거래요. 그는 아마도 메시아일 거래요."

청년의 이야기에 농부가 끼여들었습니다.

"메시아라구? 이번엔 진짜일까?"

"에이, 진짜는 무슨……. 자네도 아직 메시아를 믿는가?"

그 동안 수많은 사람들이 메시아라고 나타났습니다. 처음엔 그럴 듯한 예언자의 모습으로 사람들을 꼬였습니다. 사람들이 모이고 그를 따르는 사람이 많아지면 이번엔 진짜 메시아일까, 하고 기대를 걸곤 했습니다. 그러나 모두 가짜였습니다. 한결같이 돈을 벌어 보려고 나타난 사기꾼들이었습니다.

"메시아 같은 건 없어. 난 절대로 메시아를 믿지 않는다네."

"그렇지만 할아버지, 성서에는 분명히 우리 이스라엘에 메시아를 보내 주실 거라고……."

"하나님께서 마음이 바뀌신 건지도 모르지. 아님, 잊어버리셨거나! 어쨌든 자기가 메시아라고 떠들던 사람들은 늘 사기꾼들이었고 앞으로도 그럴 걸세!"

예수는 아무 말 없이 메시아를 못 믿겠다는 노인을 물끄러미 바라보았습니다. 예수의 얼굴은 슬퍼 보였습니다.

"할아버지, 이번에 나타난 사람은 정말 다르답니다. 그는 제사장의 자손이었나 본데 편한 생활을 버리고 스스로 힘들고 가난한 생활을 한대요. 그는 메마른 광야에서 메뚜기와 꿀만 먹고 혼자 산대요. 게다가 옷도 낙타 가죽으로 만들어서 입는대요."

"두고 보라구. 그러다가 본색을 드러내고 말 테니까."

"아니에요, 그는 오래 전부터 그런 생활을 했대요. 요한이 그분의 말씀을 들었는데 아주 힘이 있다고 했어요.

4. 세례 요한의 예언, 메시아

벌써 많은 사람이 그의 제자가 되었대요."

청년이 조금도 기죽지 않고 말하자 농부도 기대가 되는 모양입니다.

"할아버지, 이 청년의 이야기가 심상치 않은데요. 너무 그렇게 윽박지르지 마세요. 이번에 나타난 사람이 메시아라면 우리는 이제 잘 살 수 있게 되잖아요? 조상 때부터 얼마나 기다려 온 메시아인데요."

"누군 메시아를 기다리지 않는 줄 아나? 그러나 하나같이 사기꾼들이었으니 이젠 도무지 못 믿겠다는 거지. 솔깃하면 자네나 믿게."

"저도 내일 요한을 따라 요단강으로 갈 거예요. 그곳에 가면 그분이 세례를 주신대요."

청년은 들뜬 목소리로 말했습니다.

"세례를 준다고?"

농부는 어리둥절해서 물었습니다.

"네, 요단강 물에 몸을 담그는 세례를 준대요. 그건 우리의 죄를 씻는다는 뜻이래요. 우리가 지은 죄를 씻어야만 하나님 나라에 갈 수 있기 때문이에요."

"죄를 씻어야 하나님 나라에 들어간다고? 그렇다면 나도 세례를 받을 수 있을까?"

"그럼요, 저와 함께 가서 그분 말씀을 들어 보실래요?"

"그래, 그럼 우리 집에 가서 식구들에게 이야기하고 함께 가기로 하지!"

농부는 청년과 함께 가기로 약속하고 집으로 돌아갔습니다. 청년도 고친 의자를 들고 집으로 돌아갔습니다.

예수는 그들의 이야기를 들으며 깊은 생각에 잠겼습니다. 하던 일도 잠시 멈출 만큼 생각에 빠져 있었습니다. 그런 예수를 본 노인은 고개를 가로저었습니다.

"에이, 저들이 실망해서 돌아오는 것도 시간 문제야. 가짜 메시아 때문에 또 여러 사람 망치겠군."

노인의 푸념에 예수는 하던 생각을 거두었습니다.

"여기 문짝 다 만들었습니다. 가져가세요."

"어디 한번 보지. 그래 아주 튼튼해 보이는군. 그런데 자네도 메시아 소문에 솔깃한 겐가? 무슨 생각을 그렇게 깊이 했나?"

"네, 제가 해야 할 일을 생각했습니다. 그나저나 할아버지께서는 그렇게 메시아를 못 믿으시다가 정작 진짜 메시아가 오면 어쩌시려구요?"

"진짜는 달라. 한 번에 느낌이 올 걸세. 아무렴, 우리 이스라엘을 구원할 메시아를 몰라볼 수야 있나? 걱정 말게. 진짜가 나오면 내가 제일 먼저 알고서 자네에게 알려 주지!"

노인은 눈을 찡긋해 보이며 문짝을 어깨에 메고 집으로 돌아갔습니다. 그러자 집을 고치려고 예수를 찾아왔던 사람이 입을 열었습니다.

"저 노인네는 언제나 자기만 옳은 줄 알거든. 저러다 큰 실수 하는 날이 올 거야. 안 그런가?"
예수는 그저 소리 없이 웃기만 했습니다.
"그나저나 여보게, 이제 우리 집 고칠 일을 의논하세."
예수는 곤란한 표정을 지으며 말을 꺼냈습니다.
"저, 죄송합니다. 급한 일을 처리할 게 있어서 집 고치는 것을 도와 드리지 못하겠습니다."
"아깐 해 준다고 하지 않았나? 다른 일이 많이 밀린 건가? 그 일을 빨리 마치고 도와 주지 그러나. 나도 한 달쯤은 여유를 둘 수 있네. 자네만한 솜씨를 이 근처에서 찾을 수가 있어야지."
"제가 곧 먼길을 떠나야 해서 그런 큰 일은 할 수 없습니다. 죄송합니다."
"아니, 얼마나 오래 여행을 하길래 그러나? 두 달이면 돌아오겠나? 그럼 내 기다리도록 하지!"
"시간이 얼마나 걸릴지 알 수 없어서 약속을 드릴 수가 없습니다. 제가 해 드리고 싶지만 워낙 중요한 일이라서요. 정말 죄송합니다."
"정 그렇다면 어쩔 수 없지. 그럼 자네 일을 잘 마치고 오게. 난 이만 가 보겠네. 그런데 이제 누구에게 일을 맡긴다지?"
예수는, 실망해서 고개를 가로저으며 돌아가는 사람의 뒷모습을 한참 동안 바라보았습니다. 그러나 마음 속은 앞으로 할 일에 대한 생각으로 가득했습니다.

광야에서 외치는 소리

요단강가에는 이미 많은 사람들이 모여 있었습니다. 갈릴리에서 온 어부 요한과 친구 안드레, 그리고 그들을 따라온 나사렛의 청년과 농부도 요단강가 바위 위에 자리를 잡고 앉았습니다. 먼길을 오느라 지쳐 있었지만 이미 시작된 이야기를 들으려고 정신을 바짝 차렸습니다. 강 건너 저편에는 황량한 광야로 이어지는 야트막한 언덕이 펼쳐져 있었습니다. 지금 사람들에게 이야기를 하고 있는 예언자가 바로 저 광야에서 산다고 했습니다.

"얼굴이 햇볕에 그을려서 그렇지, 잘 생긴 청년이지요?"

생선 파는 청년이 함께 온 농부에게 속삭였습니다.

"그래, 귀한 집 자손같아 보이는데 고생이 심한지 바짝 말랐군 그래."

마음씨 착한 농부는 안쓰러운 표정을 지었습니다.

"이스라엘 사람들은 들으시오. 하나님의 나라가 곧 시작될 것입니다. 이대로 살다가는 여러분 가운데 한 사람도 하나님 나라에 들어갈 수 없습니다. 죄로 얼룩진 자신의 모습을 보십시오. 바로 그 더러운 죄 때문에 하나님께서는 여러분을 받아 주지 않으실 겁니다. 그때 가서 고통스러운 지옥에서 후회하지 말고 지금 죄를 뉘우치십시오. 자신의 죄를 어서 고백하세요. 그리고 하나님 앞에서 죄를 씻고 새로운 사람이 되십시오. 그래야 하나님 나라에 들어갈 수 있습니다. 세례를 받고 나면 다시는 죄를 짓고 살아서는 안 됩니다. 세례를 받을 때 이제까지 지은 죄를 깨끗이 씻고 새롭게 되십시오. 하나님 나라가 곧 시작됩니다. 이대로 살다가는 우리 모두 하나님의 노여움을 받아 멸망하게 될 것입니다."

예언자의 이야기를 들은 많은 사람들은 두려움에 떨었습니다. 저마다 자기가 지은 많은 죄를 떠올리며 지옥에 빠져 고통당하는 모습을 상상하고 떨었습니다. 그래서 앞다투어 세례를 받겠다고 예언자 앞으로 나왔습니다. 세례란 깨끗하게 하는 예식이라는 뜻입니다. 강물에 몸을 담갔다 빼서 몸뿐만 아니라 마음까지 깨끗하게 한다는 뜻으로 하는 의식입니다.

그러나 그곳에 모인 모든 사람이 죄를 고백하지는 않았습니다. 예언자가 진짜인지 가짜인지를 밝혀 내려고 온 사람들도 섞여 있었기 때문입니다.

"이보시오, 당신은 예언자인가요? 당신이 어떻게 이 모든 것을 자신 있게 말할 수 있습니까?"

"나는 광야에서 외치는 한 소리일 뿐이오!"

예언자는 그들을 차갑게 바라보며 말했습니다.

"그게 무슨 뜻이오?"

"당신은 하나님의 율법을 연구한다고 떠들고 다니면서

아는 것은 하나도 없군요!"
　예언자는 자신이 한 말이 성서에 나오는데도 잘 알아듣지 못하는 그들을 비웃었습니다. 예언자를 시험하러 온 사람들이 이스라엘에서도 유명한 율법학자들이었기 때문입니다. 율법학자들이 하는 일이란 성서를 읽고 연구하고 가르치는 것이었습니다. 그런데 그들은 하나님의 말씀인 성서를 마음으로 받아들이지 못했습니다. 그저 글자로 읽고 달달 외우기만 할 뿐, 그들의 생활은 여전히 욕심으로 가득했던 것입니다.
　"이봐, 저 자는 지금 이사야의 예언서 가운데 한 구절을 말한 거라구."
　율법학자 가운데 하나가 그 말을 기억해 내고 같이 온 사람에게 슬쩍 말해 주었습니다. 이사야서란 옛날 이스라엘에 살았던 이사야라는 예언자가 한 말을 써 놓은 예언서입니다.
　"광야에서 외치는 소리라면, 당신은 메시아인가요?"
　"아니오, 나는 메시아가 아니오. 나는 이제 곧 오실 메시아를 위해 길을 준비하러 왔소. 나는 곧 오실 그분의 신발끈조차 묶을 수 없을 만큼 작은 사람이오."
　율법학자들은 이 사람의 말을 이해할 수 없었습니다. 이제까지 나타난 예언자들은 자신이 메시아라고 우겨 댔습니다. 그런데 이 예언자는 오히려 자신이 아무 것도 아니라고 말하고 있는 것입니다. 자신의 뒤에 올 사람이 진짜 메시아라고 하는 것을 보니 또 누군가가 나타날 모양이었습니다.

율법학자들은 자신들을 보낸 대제사장에게 돌아갔습니다. 유대의 대제사장인 가야바가 바로 율법학자들을 보낸 사람이었습니다. 제사장은 성전에서 하나님에게 제사드리는 사람으로, 이스라엘에서는 지위가 높았습니다. 특히 대제사장은 왕만큼이나 힘이 있는 사람이었습니다.

율법학자들은 화려하게 꾸며진 가야바의 궁전으로 가자마자 곧바로 보고했습니다.

"그래, 그 자는 어떤 사람이더냐?"

가야바는 궁금함을 참지 못하고 따져 물었습니다.

"네, 그의 이름은 요한이고 작은 마을의 제사장이었던 사가랴의 아들이었습니다."

"제사장의 아들이라고?"

"네, 그런데 부모가 돌아가시자 그도 제사장 일을 그만두고 광야로 나가 일부러 힘든 생활을 시작했다고 합니다."

"이상한 자로군. 편안한 제사장 일을 버려 두고 광야로 나가 사서 고생을 하다니!"

"그런데 더 이상한 점이 있습니다."

"더 이상한 점이라구?"

"네, 그는 자기가 메시아가 아니라고 했습니다."

"그래? 정말 이상하구나. 그렇게 많은 사람들이 따른다면서……. 그러면 당연히 자기가 메시아라고 떠들 텐데! 그럼 그는 자기가 뭐라고 하더냐?"
"그게, 저…… 광야에서 외치는 소리라고만 했습니다
……."
"뭐? 광야에서 외치는 소리라고? 그건 이사야의 예언서에 나오는 말이잖아?"
자세한 보고를 들은 가야바는 고민에 빠졌습니다.
'광야에서 외치는 소리라구? 그건 머잖아 진짜 메시아가 온다는 말이잖아? 그렇게 되면 내 자리가 위태로워질 텐데……. 안 된다. 이 대제사장 자리를 어떻게 얻었는데 메시아 때문에 물러날 순 없지.'
가야바의 관심은 오직 한 가지, 유대의 대제사장 자리를 오래 차지하는 것뿐이었습니다. 그러려면 사람들이 메시아니 예언자니 하는 사람들에게 휩쓸려서는 안 됩니다. 그래서 가야바는 바짝 긴장하고 요한의 모습을 지켜 보았습니다. 가야바는 무슨 꼬투리라도 잡아서 요한을 잡아 가두려 했습니다.

세례 요한의 꿈

세례 요한이라고 알려진 이 예언자는 제사장인 사가랴와 엘리사벳의 아들이었습니다. 요한의 어머니 엘리사벳은 예수 어머니인 마리아의 사촌이기도 했습니다. 엘리사벳이 늙어서 낳은 아들이었기 때문에 요한은 특별한 사랑을 받고 자랐습니다. 그러나 부모의 나이가 너무 많았기 때문에 요한은 일찍 부모를 여의었습니다.

요한도 처음에는 아버지 사가랴를 이어 제사장 일을 맡았습니다. 어릴 때부터 아버지에게 성서를 배운 요한의 마음 깊숙한 곳에는 하나님에 대한 믿음이 자라났습니다. 요한은 혼자 생각하며 지내기를 좋아했습니다. 그래서 자주 마을 근처의 들판에 나가서 배운 성서를 되새기곤 했습니다.

요한이 제사장 일을 혼자 하게 되었을 때는 나름대로 꿈이 있었습니다. 하나님에 대한 믿음과 사람들에 대한 사랑으로 제사장 일을 잘 해야겠다고 마음먹고 있었습니다.

그러나 요한은 처음부터 제사장들의 더러운 모습과 부딪쳐야 했습니다. 하나님에 대한 믿음으로 제사를 올려야 하는 제사장이 하나같이 자기 욕심만 챙기려 했습니다. 심지어 욕심 때문에 남을 해치는 일도 있었습니다. 요한은 실망했습니다. 그런 제사장들과 더 이상 같이 일할 수 없다고 생각했습니다.

'이건 아니야. 이스라엘이 이런 제사장들 때문에 병들고 있었다니! 하나님을 두려워하지도 않는 자들! 무서운 심판을 당할 것이다. 그들은 그렇다치더라도 백성들이 너무 불쌍하다. 아무 것도 모르는 백성들이 제사장들 때문에 하나님에게서 멀어지고 있다. 돌이켜야 한

다. 더 이상 이대로 두고 볼 수는 없다!'

요한은 이렇게 생각하고 제사장 일을 그만두었습니다.

요한은 하나님의 말씀을 마음에 품고 광야로 나갔습니다. 좋은 집과 옷과 음식을 뒤로 하고 힘든 길을 택한 것입니다. 세상이 주는 모든 편안함을 멀리했습니다. 대신 광야에서 고달픈 생활을 하며 하나님에게 세상을 구할 방법을 알려 달라고 기도했습니다.

마침내 요한은 사람들에게 올바른 하나님 말씀을 알려야겠다고 마음먹었습니다. 그래서 요단강 가까이로 가서 사람들에게 하나님의 말씀을 가르치기 시작했습니다.

"죄 많은 자들아, 어서 잘못을 뉘우치고 올바로 살아라. 하나님 나라가 가까웠다!"

5. 나사렛을 떠난 예수

세상이 부르는 소리

예수는 하던 일을 잘 정리했습니다. 더 이상 일감을 받지 않았습니다. 예수는 길 떠날 채비를 마친 뒤 어머니 마리아에게 말했습니다.

"어머니, 이제 제가 떠나야 할 시간입니다."

마리아는 갑작스런 예수의 말에 깜짝 놀랐습니다.

"무슨 일이 생긴 거니?"

"네, 기다리던 때가 왔습니다. 이미 요단강에서는 메시아를 알리는 세례 요한의 목소리가 이스라엘을 울리고 있습니다."

"그렇다면 …… ?"

마리아는 더 이상 말을 잇지 못했습니다. 예수가 무슨 생각을 하는지 누구보다도 잘 알았기 때문입니다. 마리아는 예수를 뱃속에 잉태할 때부터 예수가 앞으로 어떤 일을 해야 할지 알았습니다. 아들을 키우면서 줄곧 예수가 로마의 지배에서 이스라엘을 구하리라는 꿈이 있었습니다. 그 꿈은 물론 하나님의 약속을 믿기 때문에 생긴 것이지요.

예수도 어릴 적부터 성서를 배우면서 꿈을 키워 왔습니다. 어머니의 기대를 한몸에 받으면서 더욱 그 생각을 다지게 되었습니다. 예수는 사랑이 넘치는 따뜻한 마음을 갖고 자라났습니다. 주위를 둘러보면 불쌍한 사람이 너무 많았습니다. 도와 주고 싶은 사람이 머릿속에 차고 넘쳤습니다. 때문에 늘 마음 속으로 간절히 기도했습니다. 믿고 사랑하는 하나님에게 불쌍한 사람들을 도울 수 있는 힘을 달라고 기도했습니다. 기도하며 세상에 나갈 때를 기다렸습니다. 예언서를 공부하며 때가 오기를 기다렸습니다. 그리고 마침내 때가 되었다고 믿었습니다.

"네, 어머니. 이제 제가 나갈 때입니다. 먼저 요한에게 가서 세례를 받아야겠습니다."

"예수야, 이제 떠나면 널 언제 볼 수 있겠니?"

"어머니, 어머니께서도 이런 날이 올 줄 아셨지요? 하나님의 뜻을 가장 먼저 아셨잖아요. 또 언제나 기다리셨구요."

"그래, 그래. 내가 어리석은 질문을 했구나. 널 처음 주실 때부터 했던 약속이었는걸……. 그래, 부디 몸조심해라. 내가 늘 널 위해 기도하고 있는 것 알지?"

"네, 어머니. 아무 걱정 마세요. 하나님께서 어머니와 친척들을 지켜 주실 겁니다."

"그럼, 그럼. 이제껏 그러신 것처럼. 내 아들이 이제 이스라엘을 위해 떠나는데 우리를 얼마나 잘 돌봐 주시겠니!"

예수는 어머니를 뒤로 하고 나사렛을 떠났습니다. 눈물을 흘리는 어머니를 보고 마음이 아팠지만 되돌아갈 수는 없었습니다. 예수 앞에는 큰 일이 기다리고 있었기 때문이지요.

집을 떠난 예수는 메마른 길을 여러 날 걸어갔습니다. 선선한 새벽과 저녁에 더 많이 걸었습니다. 대낮 햇볕은 상상하기 어려울 만큼 뜨거웠습니다. 혼자 가는 길이었지만 예수는 외로움을 느끼지 않았습니다. 마음 속은 앞으로

해야 할 일들로 가득했기 때문입니다.

　마침내 예수는 요단강가에 다다랐습니다. 그곳에는 이미 많은 사람들이 모여 있었습니다. 듣던 대로 많은 사람들이 요한에게 세례를 받으려고 줄지어 서 있었습니다. 예수도 줄을 섰습니다. 한눈에 보기에도 가난하고 불쌍해 보이는 사람들이 대부분이었습니다.

만남

"죄를 뉘우치고 바로 살아라, 이스라엘 백성들이여! 겉만 번지르르하게 꾸민다고 너희의 더러운 죄가 가려지겠느냐? 그렇게 좋은 옷을 걸친 너희들의 속이 얼마나 썩어 있는지를 하나님께서 모르시겠느냐? 더 이상 하나님 앞에 죄짓지 말라! 두려운 줄 알아라. 하나님 나라가 가까웠으나 죄투성이인 너희는 결코 들어가지 못할 것이다."

　세례 요한은 백성들의 피를 빨아 먹는 제사장, 율법학자들에게도 굴하지 않고 바른 소리를 외쳤습니다. 성전에서 제사드리는 제사장이나 성서를 연구하고 가르치는 율법학자들은 모두 이스라엘에서 힘있고 잘 사는 사람들이었습니다. 그들은 세상에서 좋은 자리를 차지하고 있기 때문에 하나님 나라를 꿈꾸지 않았습니다. 세례 요한이 말하는 하나님 나라는, 하나님을 잘 믿고 그 말씀대로 올바로 사는 사람들이 만드는 나라였기 때문입니다. 그러다 보니 지금 세상에서 가난하고 병들어 어려운 처지에 있는 사람들이 행복한 하나님 나라를 꿈꾸었습니다. 그래서 하루가 다르게 가난하고 병든 사람들이 이스라엘 곳곳에서 요한을 찾아왔습니다. 그리고 자기의 죄를 씻으려고 세례를 받으려는 사람들도 나날이 늘어갔습니다.

"선생님, 제 죄를 씻어 주십시오. 저는 죄인입니다. 저도 하나님 나라에 갈 수 있도록 세례를 주십시오."

"세례만 받는다고 당신의 죄가 없어지는 게 아니오. 당신이 진정으로 지난날의 잘못을 뉘우치고 하나님 앞에서 깨끗해지기를 원하면 세례를 줄 것이오. 세례를 받은 뒤에는 반드시 새 사람이 돼야 하오. 세례를 받고도 죄를 지으면 그때는 결코 용서받지 못하게 됩니다."

요한은 세례를 받으려고 온 사람에게 이렇게 다짐을 시켰습니다. 바르게 살려고 노력하는 사람들이 늘어가면 이스라엘이 하나님의 심판을 피할 수 있다고 믿었기 때문입니다.

벌써 수많은 사람들이 요한의 세례를 받고 돌아갔습니다. 물론 그 가운데에는 세례를 받고도 고향으로 돌아가지 않고 요한 곁에 머무르는 사람도 많았습니다. 그들은 요한을 도우며 그의 뜻을 따르는 제자가 되려는 사람이었습니다. 갈릴리에서 온 어부 요한과 안드레도 그들 가운데 하나였습니다.

"요한, 자네는 언제까지 이곳에 머무를 텐가? 고향을

떠난 지 한 달이 다 돼 가는데."

"벌써 그렇게 되었나? 요한 선생님의 말씀을 듣다 보니 세월 가는 것도 잘 모르겠군. 그나저나 식구들이 걱정하겠는데 ……. 며칠 안에 고향에 한번 다녀와야겠네."

"그래, 그럼 같이 다녀오지. 난 우리 형 시몬에게 요한 선생님 이야기를 해 주고 싶어."

"나도 형 야고보에게 같이 와 보자고 해야지. 이제 새 나라가 열리면 우리는 요한 선생님의 첫 제자로 살게 될 테니까! 우리 형님도 제자가 되고 싶어할 거야. 어머니께서는 언제나 우리 형제가 큰 인물이 돼서 당당하게 살기를 바라셨거든."

"우리 형 시몬은 잘 믿지 않을지도 몰라. 형은 원래 먹고 사는 데만 관심이 있어서 ……."

"안드레, 벌써 선생님께서 세례를 주시기 시작하는구나. 어서 강가로 가서 도와 드리자."

화창한 날이었습니다. 멀리 보이는 광야는 메말라 보였지만 요단강은 맑은 날씨 때문에 파랗게 반짝였습니다. 세례 요한은 이 날도 이른 아침부터 모여든 사람들에게 세례를 주었습니다. 제자들은 강가 주위에서 요한을 돕고 있었습니다.

동작이 빠른 갈릴리 어부 요한은 세례 요한 바로 옆에 붙어서 돕고 있었습니다. 마침 나이 든 노인이 세례를 받으려고 강가로 걸어왔습니다. 어부 요한은 노인을 부축해 세례 요한 앞으로 이끌어 주었습니다.

"저같은 늙은이도 새 사람이 될 수 있겠습니까?"

"물론이지요. 하나님 앞에서는 아이나 노인이나 다 똑같은걸요. 자 이제 세례를 받으시면 이제까지와는 다르게 사셔야 합니다. 바르게 살려고 노력할 때 하나님 나라에 들어갈 수 있으니까요."

"네, 고맙습니다, 선생님. 전 이제까지 죄만 짓고 살았지만 이제부터는 죽는 날까지 바르게 살도록 하겠습니다."

노인은 눈물을 흘리며 세례를 받았습니다. 되돌아가는 노인의 발걸음이 한결 가벼워 보였습니다.

뒤이어 다음 사람에게 세례를 주려 할 때였습니다. 세례 요한은 갑자기 눈앞이 아득해졌습니다. 순간 아무 것도 보이지 않았습니다. 주위도 갑자기 고요해졌습니다. 그리고 이제까지 들어 보지 못한 신비로운 목소리가 들리기 시작했습니다.

"요한, 어떤 사람의 머리 위로 하늘에서 밝은 빛이

비둘기처럼 내려앉는 것을 볼 것이다. 그러면 그가 바로 내 사랑하는 아들인 줄 알아라."

이 소리가 그치자마자 주위는 다시 환해지고 사람들의 말 소리도 들리기 시작했습니다. 세례 요한은 주위를 둘러 보았습니다. 모두들 아무 일 없는 것처럼 보였습니다. 방금 들린 소리는 요한에게만 들린 소리였던 것입니다. 다만 곁에 서 있던 어부 요한은 세례 요한이 잠시 눈을 감고 멈칫하자 이상하게 생각했습니다.

"선생님, 어디 편찮으십니까?"

"아니, 아무 일도 아니다. 자, 계속하자. 많은 사람들이 기다리고 있으니……."

다음 차례인 젊은이가 세례 요한에게 다가왔습니다. 젊은이는 세례를 받으려고 요한 앞에 무릎을 꿇고 앉아 고개를 숙였습니다. 요한이 젊은이를 조심스레 요단강 물에 담갔다 일으키는 순간 놀라운 일이 벌어졌습니다. 하늘이 갑자기 어두워지더니 한 줄기 밝은 빛이 살포시 내려와 젊은이의 머리 위를 비추었습니다. 마치 하얀 비둘기가 내려앉는 듯했습니다. 세례 요한은 자기도 모르게 무릎을 꿇었습니다.

"당신이셨군요. 바로 당신이……. 이젠 도리어 제가 세례를 받아야겠습니다."

"아닙니다. 지금은 당신이 내게 세례를 주십시오. 그것이 하나님의 계획이시니까요. 어서 일어서서 세례를 계속 하십시오."

요한은 젊은이의 말대로 일어나 세례를 마쳤습니다. 세례를 받은 젊은이는 조용히 일어나 되돌아갔습니다. 주위에 있던 사람들은 미처 무슨 일이 일어났는지도 모를 만큼 잠깐 동안의 일이었습니다.

"보아라. 세상의 죄를 대신 지고 갈 하나님의 어린 양이니라. 내가 이제껏 말해 왔던 그분이 바로 저 사람이니라. 내 뒤에 오실 위대한 분, 이스라엘을 구할 그리스도시니라!"

세례 요한은 저도 모르게 중얼거렸습니다. 사람들은 잘 알아듣지 못했습니다. 다만 옆에 있던 어부 요한만 세례 요한의 말을 새겨들었습니다.

잠깐 동안의 만남이었지만 세례 요한과 어부 요한의 마음 속은 온통 그 젊은이 생각으로 가득 차 버렸습니다. 어부 요한은 젊은이를 따라가 보았습니다. 안드레가 요한을 보고 무슨 일인가 싶어 뒤따랐습니다.

젊은이는 마치 바람을 타기라도 한 듯 순식간에 광야 쪽으로 멀어져 갔습니다. 요한과 안드레가 달리다시피 따라갔습니다. 요한과 안드레를 본 나사렛의 생선 파는 청년이 큰 소리로 불렀습니다.

"이봐, 요한, 안드레, 선생님을 도와 드리다 말고 어딜 그리 급히 가는 거야?"

요한과 안드레가 멈칫할 동안 젊은이는 더욱 멀어져 갔

습니다.

"저 사람을 따라가야 하는데…….."

요한이 숨을 헐떡이며 말했습니다.

"누군데?"

나사렛의 청년이 돌아보았습니다.

"저기 저 키 큰 사람 말인가? 어, 저 사람…… 우리 마을 사람 같은데."

청년은 젊은이의 뒷모습이 낯익은 듯 소리쳤습니다.

"자네, 저 사람을 아나?"

요한이 반가워서 물었습니다.

"그런 것 같아. 저 정도의 키에 저 뒷모습이라면…… 예수가 틀림없어!"

"예수?"

"그래, 요한. 우리 마을에 사는 솜씨 좋은 목수야. 저 사람도 여길 왔었나? 그런데 어째서 여태 한 번도 못 봤지?"

"저 사람 방금 선생님한테 세례를 받고 돌아가는 걸세. 그런데 나사렛의 목수라고?"

요한은 고개를 갸우뚱했습니다. 선생님이 무릎을 꿇을 정도면 위대한 사람이 분명한데 작은 마을 나사렛의 목수라니 도무지 믿어지지 않았기 때문입니다.

어느 새 젊은이는 광야 저편으로 사라졌습니다. 요한은 뒤따르기를 멈췄습니다. 다만 젊은이가 사라진 쪽을 한참 바라보며 중얼거렸습니다.

"나사렛의 목수라면 …… 아무래도 아니겠지. 차라리 요한 선생님 곁에 있는 편이 나을 거야."

요한은 다시 요단강으로 가서 세례 요한을 돕기 시작했습니다.

예수가 한참 동안 걷다 보니 어느 새 요단강도 보이지 않았습니다. 대신 아주 메말라 갈라진 땅과 그 사이로 말라서 덩어리져 굴러 다니는 나뭇가지 뭉치만 보일 뿐이었습니다. 앞쪽으로는 바위산이 펼쳐져 있었습니다. 예수는 바위산을 오르기 시작했습니다. 간간이 돌 사이로 작은 뱀들만 스르르 기어갈 뿐 살아 있는 것이라곤 하나도 없었습니다. 그늘도 없어서 눕거나 앉아서 쉴 수도 없었습니다. 예수는 자기도 모를 힘에 이끌려 바위산까지 오게 되었습니다.

이스라엘 사람들은 옛날부터 중요한 일이 있으면 밥도 먹지 않고 하나님에게 기도했습니다. 어려운 일을 하나님 앞에 기도하면 풀어 준다고 믿었기 때문입니다.

지금이 예수에게는 가장 중요한 순간이었습니다. 그래서 예수는 조상들이 그랬던 것처럼 하나님에게 기도했습니다.

예수는 메마른 바위산에서 40일 동안 오직 기도만 하며 지냈습니다. 아무 것도 먹지 않아서 비쩍 마른 예수는 마침내 헛것이 보이기까지 했습니다. 눈앞에 빵이 있어서 집으려고 하면 어느 새 돌이 되었습니다. 이상한 목소리가 예수를 꼬이기도 했습니다.

'너는 하나님이 사랑하는 아들이라면서? 그렇다면 이 돌을 빵으로 만들어서 먹지 그러냐? 왜 그렇게 배고픈 걸 참고 있느냐?'

'네가 하나님의 아들이라면 저 높은 성전 꼭대기에서 뛰어내려 봐라! 하나님의 천사가 네 발을 받쳐 사뿐히 땅에 내려 줄 게 아니냐? 그럼 사람들이 모두 놀라서 너를 따를 것이다.'

'저기 넓은 세상이 보이지? 참으로 아름답고 크지? 네가 내게 절하고 내 말을 잘 듣겠다고 약속한다면 저 세상의 왕이 되게 해 주겠다. 어떠냐?'

이 목소리들은 한결같이 예수에게 하나님을 따르지 말고 자기를 따르라고 했습니다. 이 목소리는 바로 사람들에게 악한 생각을 심어 주는 악마였기 때문입니다.

그러나 예수가 전혀 흔들리지 않자 악마의 목소리는 더 이상 들리지 않았습니다.

예수는 그 길로 나사렛으로 돌아갔습니다.

고향에서 쫓겨난 예수

나사렛은 여느 때와 다름없었습니다. 예수는 두어 달만에 고향에 돌아왔지만 집으로 가지 않고 곧장 회당으로 갔습니다. 어릴 때부터 다니던 낡은 회당이었습니다.

마침 안식일이었기 때문에 많은 사람들이 회당에 모여 있었습니다. 예배를 마치고 성서를 읽는 시간이 되었습니다. 사람들은 차례로 앞으로 나가 성서를 읽었습니다. 예수도 앞으로 나갔습니다.

"어, 예수가 돌아왔군."

마을 사람들이 예수를 보고 속삭였습니다.

예수는 두루마리 성서를 펼쳐 들었습니다. 다름 아닌 이사야서였습니다. 앞날을 미리 알 수 있었던 이사야라는 예언자가 하나님의 말씀을 듣고 그대로 받아 적은 예언서였습니다.

"하나님께서 내게 하나님의 마음인 성령이 가득하게 하셨습니다. 이는 가난한 자에게 기쁜 소식을 전하게 하기 위해서입니다. 하나님께서는 나를 보내 포로가 된 자에게 자유를 주고자 하십니다. 또한 눈먼 자들이 다시 볼 수 있게 하려 하십니다. 힘센 자에게 억눌려 고통받는 사람들을 자유롭게 해 주시려 합니다. 이처럼 하나님께서 그의 사람들을 구할 때가 되었음을 널리 알리기 위해 나를 보내셨습니다."

예수는 이 구절을 힘주어 읽었습니다. 그러자 회당에 모인 사람들 모두 예수를 뚫어져라 쳐다보았습니다. 예수는 성서를 돌려 주고 자리에 앉았습니다.

"방금 읽은 성서의 말씀이 지금 여러분에게 이루어졌습

니다!"

예수는 사람들에게 외쳤습니다. 모인 사람들은 모두 예수의 이야기에 감동했습니다. 다들 잘 알고 있던 이야기였지만 예수가 읽을 때는 마음에서 들려 오는 소리 같았습니다. 사람들의 마음에 하나님의 약속이 새롭게 다가왔습니다. 그래서 희망을 갖게 되었습니다.

"저 자는 목수인 예수잖아?"

"그래, 저 사람 일하는 솜씨가 보통이 아니야."

"우리나 다를 바 없는 사람인데 어떻게 저렇게 말을 잘 할까?"

모두들 수군대기 시작했습니다.

"여러분은 내가 하는 이야기가 놀랍고도 믿기 어려울 것입니다. 내가 율법을 공부한 율법학자도 아닌데 어찌 알겠는가 싶어서 그러겠지요. 혹 어떤 사람들은 내게 기적이라도 보여 보라고 하겠지요. 그러면 믿어 주겠다고 할지도 모릅니다. 성서를 봐도 선지자는 언제나 고향에서 환영받지 못했습니다. 그래서 그들의 고향은 저주를 받거나, 다른 지방 사람들에게 축복을 빼앗기곤 했습니다."

예수의 말이 끝나자 사람들은 버럭 화를 냈습니다.

"뭐라구? 우리가 저주를 받을 거라구? 목수놈 주제에 뭘 안다고 함부로 지껄이는 게야?"

"저 요셉의 아들이 우리를 저주하는구만! 어디 갔다

이제 나타나서 감히 우리를 저주해? 저놈을 당장 끌어 냅시다!"

"그럽시다. 마을 밖 벼랑으로 끌고 갑시다. 저런 놈은 혼이 나야 정신을 차릴 거요!"

사람들은 예수의 말을 제멋대로 해석하고 예수를 욕했습니다. 그것은 사람들의 마음 속 깊숙이 박힌 잘못된 생각 때문이었습니다. 위대한 사람은 언제나 신분이 높은 사람 가운데에서 나오리라는 잘못된 생각 탓입니다. 자기와 비슷한 처지의 사람인데도 목수라는 이유로 예수를 깔보았습니다. 때문에 나사렛 사람들은 예수가 들려 주는 하나님 나라의 기쁜 소식을 한 마디도 들을 수 없었습니다.

예수의 어머니 마리아는 예수가 돌아왔다는 소식을 이웃 사람에게 들었습니다. 더구나 회당에서 사람들에게 붙잡혀 마을 벼랑으로 끌려갔다는 소식까지 함께 들었습니다. 마리아는 마을 밖 벼랑으로 달려갔습니다.

'말도 안 돼! 우리 예수가 왜 사람들의 미움을 샀지? 예수는 장차 이스라엘의 왕이 될 텐데! 환영을 받아 마땅할 예수를 왜 마을 사람들은 미워하게 된 걸까? 하나님 …… 무슨 일입니까? 예수는 장차 이스라엘을 구할 메시아라고 약속하셨잖아요?'

마리아는 예수에게 큰 일이 생기지 않게 해 달라고 기도하면서 있는 힘을 다해 달렸습니다.

"여러분, 마음을 바로잡으십시오. 곧 좋은 세상이 올

겁니다. 이제 더 이상 하나님이 여러분의 고통을 보고만 있지 않으실 것입니다. 어서 마음을 돌이켜 하나님께로 오십시오."

마리아가 벼랑에 다다랐을 때 멀리 예수의 모습이 보이고 예수의 목소리가 하늘을 울리고 있었습니다. 예수는 침착해 보였지만 사람들은 몹시 흥분해 있었습니다. 당장이라도 예수에게 몰매를 때릴 듯했습니다.

"집어치워라, 저주받을 목수놈아! 감히 우리를 저주한 입으로 하나님을 들먹거리다니!"

"뭘 듣고 서 있는 겁니까? 당장 저놈을 혼내 줍시다."

마리아는 사람들의 무리를 뚫지 못하고 뒤쪽에서 발만 동동 굴렸습니다. 눈에서 쉴새없이 눈물이 흘렀습니다.

"안 돼! 왜들 이러는 거예요? 우리 예수가 뭘 잘못했길래……."

그때였습니다. 마리아의 눈이 예수와 마주쳤습니다. 예수는 평온한 눈빛으로 마리아를 바라보았습니다. 사람들은 흥분해서 난리를 치고 있는데도 예수는 조금도 겁 먹거나 당황한 것 같지 않았습니다. 다만 눈빛이 조금 슬퍼 보일 뿐이었습니다. 마리아는 순간 눈물을 멈췄습니다. 예수를 보는 순간, 불안이 사라지고 오히려 마음이 편안해졌습니다. 참 이상한 일이었습니다.

사람들은 당장이라도 예수를 벼랑에서 밀어 낼 기세였습니다. 예수는 할 말을 마친 뒤 조용히 사람들 사이를 지나

내려왔습니다. 사람들은 꼼짝할 수 없게 되었습니다. 예수에게 손조차 대지 못하고 맥빠진 얼굴로 바라보기만 했습니다.

　마리아는 멀찍이서 아들의 모습을 바라보았습니다. 예수는 말을 마친 뒤 조용히 떠나갔습니다. 사람들은 모두 최면에 걸린 것처럼 한동안 그 자리에 서서 꼼짝도 하지 못했습니다. 정말 이상한 일이었습니다.

6. 고통받는 사람들 속으로

가버나움에서 생긴 일

예수는 쓸쓸한 마음으로 고향 나사렛을 떠났습니다. 그 길로 북쪽에 있는 가버나움으로 향했습니다. 가버나움은 상인들이 지나가는 길목이라 상업이 발달한 도시였습니다. 또한 들과 호수가 있어서 농부와 어부가 함께 사는 곳이기도 했습니다.

가버나움에 도착한 예수는 먼저 회당으로 갔습니다. 마침 안식일이라 회당에는 여러 사람이 모여 이야기를 나누고 있었습니다. 예수는 두루마리 성서를 꺼내 낭송했습니다. 이야기를 나누던 사람들이 예수를 쳐다보았습니다.

"당신은 누구십니까? 처음 뵙는데 …… 성서를 읽는 소리가 참으로 듣기 좋습니다."

"나는 하나님의 기쁜 소식을 전하러 온 사람입니다."

"아니, 그럼 예언자라는 말씀이십니까?"

"그런 것은 중요하지 않습니다. 하나님의 말씀에 귀를

기울이십시오. 더 이상 이런 모습으로 살아선 안 됩니다. 계속 이렇게 살아간다면 여러분 모두는 살아남을 수 없습니다. 여러분의 인생은 들풀 같기 때문입니다. 곧 시들어서 아궁이에 던져질 것입니다."

예수의 이야기를 듣는 동안 사람들은 저마다 자신의 모습을 돌이켜보았습니다. 부끄러운 일들 투성이였습니다. 욕심만 부리고 살아 온 자신의 추한 모습이 떠올랐습니다. 이렇게 살다가 죽는다면 너무 부끄럽고 허무하다고 느끼기 시작했습니다.

"라비님, 저희가 어떻게 하면 되겠습니까? 그냥 이대로 사는 것은 아무 희망이 없습니다. 저희에게 살 길을 가르쳐 주십시오!"

회당에 모여 있던 사람들은 예수의 이야기에 감동했습니다. 예수의 성서 이야기는 여느 라비의 이야기와 달랐기 때문입니다.

"더 이상 죄짓고 살지 말고 하나님께 돌아오십시오. 여러분에게 영원한 삶을 주실 분은 오직 하나님 한 분뿐입니다. 하나님께서는 여러분을 사랑하십니다. 여러분도 그처럼 서로 사랑하며 살아야 합니다. 사랑 앞에서는……."

예수가 힘있는 목소리로 사람들에게 이야기를 할 때였습니다. 회당 문 밖에서 갑자기 비명 소리가 들렸습니다. 이어서 더러운 옷을 걸친 한 남자가 회당 안으로 뛰어들어

왔습니다. 얼굴은 씻지 않아 새까맣고 머리카락은 수세미처럼 엉켜 있었습니다. 남자는 무서운 표정을 지으며 소리를 질러 댔습니다. 입에는 하얀 거품이 물려 있었습니다. 몸에서는 구역질날 정도로 심하게 냄새가 났습니다. 회당에 모인 사람들은 슬금슬금 구석으로 피했습니다.

"맛디아가 또 나타났다."

"귀신에 영혼을 뺏긴 사람이야."

"가까이 하면 우리에게도 귀신이 들릴지 몰라."

모두들 수군거리며 맛디아를 피했습니다. 한마을 사람인 모양이었습니다.

예수는 맛디아를 뚫어질 듯 바라보았습니다. 맛디아는 예수를 손가락질하며 욕을 퍼부었습니다. 회당 안을 뛰어다니며 벽을 마구 두들겨 댔습니다. 맛디아를 바라보고 있던 예수는 가까이 다가서더니 소리쳤습니다.

"더러운 귀신아 나오라! 조용히 그에게서 나오라!"

참으로 놀라운 일이 벌어졌습니다. 시끄럽게 떠들고 욕하던 맛디아가 푹 고꾸라졌습니다. 예수의 한 마디에 그대로 조용해진 것입니다. 사람들은 숨 소리도 내지 않고 맛디아를 바라보았습니다. 맛디아는 마치 잠든 사람처럼 누워 있었습니다. 몇 사람이 맛디아에게 다가갔습니다. 혹시 죽은 게 아닌가 하고 살펴보려고 간 것이지요. 그런데 맛디아가 갑자기 꿈틀댔습니다. 다가서던 사람들은 화들짝 놀라며 뒤로 물러섰습니다.

"아⋯⋯ 아니⋯⋯ 이제 내 마음대로 움직일 수가 있어요. 아⋯⋯ 라비님, 고맙습니다. 저를 끈질기게 쫓아다니던 지독한 귀신을 쫓아 내 주셨군요."
"맛디아, 당신은 이제 자유로운 몸이오."
"네, 라비님. 제 목숨을 살려 주셔서 정말 고맙습니다. 이 은혜는 평생 잊지 않겠습니다. 어떻게 하면 조금이라도 은혜에 보답할 수 있겠습니까?"
"진정 그러기 원하거든 당신 가까이에 있는 가난하고 병든 이웃을 돌보시오. 그것만이 하나님께서 원하시는 일이오."

맛디아는 몇 번이나 절을 하고 또 고개를 끄덕였습니다. 예수의 말대로 살겠다는 뜻이었습니다.

회당 안에 모여 있던 사람들은 그 광경을 보고 잠시 할 말을 잊었습니다. 그러나 이 소문은 순식간에 가버나움 전체로 퍼졌습니다.

다음 날이 되자 병들고 지친 많은 사람들이 예수를 찾아왔습니다. 예수는 모여든 사람들을 측은한 눈빛으로 바라보았습니다. 그들의 얼굴엔 검은 그림자가 드리워져 있었습니다. 아픈 몸을 이끌고 겨우 하루하루를 살아가는 사람들이었기 때문입니다. 그런 사람들이 마지막 희망을 붙들 듯 예수의 소문을 듣고 찾아온 것입니다.

이 시대에는 병을 고치고 귀신을 쫓아 준다는 마술사들이 많았습니다. 저마다 이상한 차림으로 사람들을 꼬드겼습니다. 아픈 사람을 앉혀 놓고 한참 동안 주문을 외우거나 이상한 행동을 했습니다. 그런 사람들은 대부분 눈속임을 하거나 거짓말로 돈만 받아 챙기곤 했습니다.

예수의 소문을 듣고 찾아온 사람들 가운데에도 사기꾼들에게 돈만 뺏긴 사람이 많았습니다. 그래서 예수를 미심쩍은 눈으로 쳐다보았습니다.

"저 사람도 엉터리 마술사가 아닐까?"

"아니래요. 어제 내 조카 녀석이 회당에 왔다가 저 사람을 봤대요. 그런데 귀신들린 남자를 단 한 마디에 고쳐 주었대요. 저 사람은 이상한 신에게 빌지도 않고 주문도 외우지 않는대요. 정말 신통한 능력이 있나 봐요."

모여든 사람들이 수군대는 동안 예수는 한 사람 한 사람에게 다가가서 기도하기 시작했습니다. 기도를 받는 병자는 잔뜩 긴장하여 웅크리고 앉았습니다. 예수는 병자를 부드럽게 어루만져 주었습니다. 병자는 깜짝 놀랐습니다. 그 병자는 10년 넘게 병을 앓아 온 노인이었습니다. 손과 발이 거의 굳어 버려 혼자서는 아무 것도 할 수 없었습니다. 그러다 보니 행색이 말이 아니었습니다. 몸에서 냄새가 심하게 나서 사람들이 가까이 오려고도 하지 않았습니다. 언제나 방 안에만 갇혀서 밥도 제때 얻어먹지 못하고 살았습니다. 그런데 예수의 소문을 들은 자식들이 노인을 데리고 이곳까지 온 것이었습니다. 이번 기회에 귀찮은 노인의 병이나 고칠 수 없을까 하는 생각에서 데리고 온 것입니다. 자식조차 꺼리는 노인을 좋아하는 사람은 한 사람도 없었습니다.

그런데 예수는 노인을 마치 친한 친구 대하듯 부드럽게 쓰다듬어 주었습니다. 노인은 감았던 눈을 뜨고 예수를 올려다보았습니다. 노인은 이제껏 보지 못했던 따뜻한 눈빛을 예수에게서 보았습니다.

"마음을 편히 가지세요. 이제 함께 하나님께 기도를 드리면 당신의 병을 깨끗이 고쳐 주실 것입니다. 믿고 기도하세요."

예수는 노인의 머리에 손을 살며시 얹고 노인을 위해 기도해 주었습니다. 노인은 기도를 받는 동안 몸과 마음이 뜨거워지는 것을 느꼈습니다. 뜨거운 기운은 가슴 한가운데서 시작되는가 싶더니 어느 새 굳어진 손과 발까지 다다랐습니다. 노인은 신비한 느낌이 드는 동시에 울음이 복받쳐올랐습니다. 감은 눈앞으로 그 동안 저지른 잘못들이 끊임없이 떠올랐던 것입니다.

"라비님, 저는 죄인입니다. 저는 살 자격이 없습니다."

예수는 웃음을 머금고 노인에게 고개를 끄덕였습니다. 마치 모든 것을 다 알고 있다는 듯한 표정이었습니다.

"자, 이제 손가락을 움직여 보세요."

"네?"

"이제 손가락을 움직일 수 있을 겁니다. 움직여 보세요."

노인은 예수가 시키는 대로 손가락에 힘을 주었습니다. 그랬더니 이제껏 굳어 있던 손가락이 움직이기 시작했습니다. 뿐만 아니라 팔도 함께 움직여서 예수가 내민 손을 잡을 수 있었습니다. 노인은 믿을 수가 없었습니다. 노인을 업고 온 자식들도 입만 벌리고 서 있었습니다.

"라비님, 제가 당신 손을 잡았습니다. 10년 동안 못 움직였던 손으로 지금 당신 손을 잡은 것입니다."

"이제 일어나 보세요. 스스로 일어나 걸으세요."

노인은 고개를 끄덕였습니다. 노인은 예수가 잡아 준 손에 힘을 준 뒤 다리에 힘을 모았습니다. 어떻게 걷는지조차 잊고 살았던 노인이었지만 이제 걸을 수 있으리라는 믿음이 생겼습니다. 노인은 아기가 부모의 손을 잡듯 예수의 손을 꼭 쥐고 천천히 몸을 일으켜 세웠습니다. 두 다리로 몸무게를 지탱하고 서 보았습니다. 다리가 꺾이지 않았습니다. 설 수 있었습니다. 예수가 한 걸음씩 뒤로 물러섰습니다. 예수를 따라 노인도 한 걸음씩 앞으로 발을 내디뎠습니다. 예수는 살며시 노인의 손을 놓고 물러섰습니다. 노인은 넘어지지 않고 계속 앞으로 걸었습니다.

"당신은 누구십니까? 10년 동안 죽지 못해 산 제게 새 삶을 주시다니……. 이렇게 걷게 하신 당신은 누구십니까?"

"당신을 걷게 하신 이는 하나님이십니다. 그분께 영광을 돌리십시오. 당신은 그분의 사랑하는 자녀입니다."

"사랑하신다고요? 저같이 죄 많은 늙은이를 사랑하신다고요?"

"사람의 눈으로 자신을 쓸모 없다고 말하지 마십시오. 하나님이 보시기에 당신은 귀한 자녀이기 때문입니다. 당신도 이제 하나님의 다른 자녀들에게 사랑을 베푸세요. 그것이 하나님께서 바라시는 삶입니다."

"고맙습니다, 라비님. 오늘은 제 일생 가운데 가장 기쁜 날입니다. 이 은혜를 결코 잊지 못할 것입니다. 라비님 말씀대로 저도 사랑을 주며 살겠습니다. 하나님 말씀대로 살겠습니다."

노인은 더없이 행복한 얼굴로 예수 앞에서 다짐하고 또 다짐했습니다. 이 광경을 지켜 본 사람들은 예수에게 치료를 받으려고 더욱 앞으로 모여들었습니다. 이 날은 기적의 날이 되었습니다. 앞을 못 보던 사람도, 정신이 병든 사람도, 열병에 걸려 신음하던 사람도 모두 깨끗하게 나아서 돌아갔습니다. 예수가 병자들의 머리에 손을 얹고 기도할 때마다 병이 나았습니다. 예수는 해가 질 때까지 많은 사람들에게 기도를 해 주고 밤이 깊어서야 쉴 수 있었습니다.

다음 날 새벽 예수는 기도를 하려고 사람의 발길이 드문 언덕으로 갔습니다. 한편 마을 사람들은 어제 있었던 기적 이야기를 듣고 예수를 찾아 나섰습니다. 마침내 사람들은 예수를 찾아 냈습니다. 예수는 그때 떠날 준비를 마치고 있었습니다.

"위대하신 라비님, 우리를 떠나지 마십시오. 여기는 아직도 병든 자들이 많습니다. 부디 더 머무르시면서 병을 고쳐 주십시오. 라비님의 말씀에 이미 많은 사람들이 감동되었습니다."

예수는 붙잡는 마을 사람들에게 고개를 저으며 말했습니다.

"여러분, 그건 안 될 말입니다. 나는 온 땅에 하나님 나라 소식을 전해야 하기 때문에 이곳에만 머무를 수는 없습니다. 내게 허락된 시간은 길지 않은데 기쁜 소식을 전해야 할 곳은 많습니다. 나를 가게 해 주십시오."

예수의 말에 마을 사람들도 어쩔 수가 없었습니다.

"라비님, 옳으신 말씀입니다. 저희 욕심대로만 할 수는 없겠지요. 다른 마을에도 병들고 고통스럽게 하루하루를 살아가는 사람들이 많을 테니까요. 그들에게도 우리에게 말씀해 주신 것처럼 기쁜 소식을 전해 주십시오. 그렇지만 가버나움을 잊지는 마시기 바랍니다. 다음에 다시 이곳에 들르시겠다고 약속해 주십시오. 아직 라비님의 말씀을 듣지 못한 나머지 사람들도 그때는 들을 수 있도록 말입니다."

마을 사람들의 간곡한 부탁에 예수는 그렇게 하겠다고 약속한 뒤 가버나움을 떠났습니다. 가버나움 사람들은 한참 동안 예수를 따라가다가 다시 만날 것을 또 한 번 다짐

받고서야 집으로 돌아갔습니다.
예수는 다시 새로운 마을로 발걸음을 옮겼습니다.

사람을 낚는 어부

어부 시몬은 잔뜩 화가 났습니다. 밤새도록 그물을 던졌지만 물고기를 한 마리도 잡지 못했기 때문입니다.

"빌어먹을…… 밤새 헛고생만 하더니 그물도 말썽이네. 이봐 안드레, 이쪽을 잡고 있어라."

"형님, 너무 화내지 마세요. 살다 보면 이런 날도 있고 저런 날도 있잖아요. 내일은 분명 고기가 많이 잡힐 테니 기분 푸세요, 형님! 요한 선생님께서 말씀하시길……."

"쳇, 네 녀석은 한 달 만에 돌아오더니 아주 도가 튼 게냐? 그래, 요한이라는 작자가 네게 그런 소리나 하라고 하던? 내일은 많이 잡힐 거라구? 그게 무슨 되지도 않는 소리람! 지금 당장 잡은 고기가 한 마리도 없는데 그런 태평한 소리가 나오냐? 네놈 때문에도 걱정이 더 된다. 난들 세례 요한의 말씀을 못 들어 본 줄 아냐? 그분 말씀이 좋다는 건 나도 알지. 하지만 먹고 사는 데는 도움이 안 돼! 기껏 요단강까지 쫓아가더니 지금 네게 남은 게 뭐냐? 그 동안 얌전히 고기만 잡았어도 돈을 많이 벌었을 거다. 며칠 전까지만 해도 고기가 잘 낚여서 일손이 부족했는데…… 네놈이 돌아온 뒤로는 이렇게 허탕만 치니, 에이!"
 시몬은 밤새 허탕친 분풀이를 동생인 안드레에게 해 댔습니다. 안드레는 친구인 어부 요한과 함께 세례 요한의 말을 들으러 요단강에 갔다가 한 달 만에 돌아왔습니다. 그래서 그 동안 형 시몬은 혼자서 고기를 잡느라 바빴기 때문에 그 분풀이를 동생에게 하고 있었습니다.
 그러는 새에 배는 게네사렛 호숫가에 다다랐습니다. 새벽녘인데 이 날따라 호숫가에 사람들이 잔뜩 모여 있었습니다. 안드레는 이때다 싶어 슬쩍 화제를 바꾸었습니다.
 "어, 형님, 저것 좀 보세요! 호숫가에 사람들이 잔뜩 모였어요. 무슨 일이 생긴 걸까요?"
 "이 새벽에 어부들 말고 무슨 사람이 있겠냐?"
 시몬은 호숫가를 바라보았습니다. 정말 꽤 많은 사람들이 모여 있었습니다.
 "무슨 일이람?"
 시몬은 이상히 여기며 배에서 뛰어내렸습니다. 배를 육지에 대기 위해서였습니다.
 배를 끌고 있는 시몬의 등 뒤에서 귀에 익지 않은 목소리가 들려 왔습니다.
 "이보시오, 내가 잠시 그 배를 타도 되겠소?"
 시몬은 고개를 돌렸습니다. 안드레도 동시에 쳐다보았습니다.
 "어, 당신은……!"

안드레가 놀라며 소리쳤습니다.
"왜? 아는 사람이냐?"
시몬은 동생에게 물었습니다. 안드레는 시몬의 귀에 대고 말했습니다.
"네, 형님. 저분은 어쩌면……."
안드레가 말을 마치기 전에 낯선 사람은 다시 시몬에게 부탁했습니다.
"배를 잠시 타도 되겠소?"

시몬은 고개를 가로저으며 말했습니다.

"우린 방금 바다에서 돌아왔습니다. 밤새도록 고기를 잡았구요. 다시 배를 바다에 띄울 수 없습니다."

시몬이 거절하자 안드레가 형을 끌고 가더니 귀에 대고 속삭였습니다.

"형님, 저분은 훌륭한 라비예요. 세례 요한 선생님을 만나러 갔을 때 보았어요. 그러니 저 라비님을 우리 배에 태워 드리자구요."

"내 보기에는 별 볼 일 없는 사람 같은데! 더구나 밤새 고생하고 이제 들어오는데 저 사람을 다시 배에 태워 주자니 …… 넌 피곤하지도 않냐?"

"형님, 저분은 세례 요한 선생님도 고개 숙여 인사드리는 분이에요. 그러니 틀림없이 위대한 분일 거예요. 제발 태워 드려요. 저도 저분의 말씀을 듣고 싶다구요."

시몬은 안드레가 간곡히 부탁하자 마음이 흔들렸습니다. 사실 시몬도 성서에 관심이 많았습니다. 저 키 큰 남자가 위대한 라비라면 한 번쯤 태워 줘도 괜찮겠다고 생각했습니다.

"좋소, 타시오! 그런데 우리 배는 왜 타려 하십니까?"

"모여든 사람들 때문에 육지에서는 말하기가 거북하오. 그래서 배를 타고 조금 떨어진 곳에서 사람들에게 말을 해야겠소."

'쳇, 남의 배를 얻어 타면서 주문도 많군. 그래, 얼마나 좋은 얘기를 하나 보자!'

시몬은 기분이 상했지만 군소리하지 않고 배에 태워 주었습니다.

"당신은 라비십니까?"

시몬이 물었습니다.

"난 예수라고 하오. 당신의 이름은?"

"저는 시몬입니다. 애는 제 동생 안드레구요. 이 녀석이 선생을 아는 것 같던데요."

안드레는 예수에게 고개를 숙이며 인사했습니다.

"안녕하십니까, 선생님? 전 얼마 전에 요단강가에서 선생님을 뵈었습니다. 전 요한 선생님의 제자거든요."

예수는 안드레를 바라보며 빙긋 웃었습니다. 그리고 다시 시몬을 바라보며 말했습니다.

"이제부터 당신은 시몬이라 하지 말고 베드로라 하시오. 이는 당신이 장차 하나님 나라를 위해 굳건한 반석 역할을 할 것이기 때문이오!"

시몬은 예수의 말을 이해하지 못했습니다. 배가 육지에서 조금 떨어지자 예수는 모인 사람들에게 이야기를 시작했습니다.

"여러분, 이제 하나님 나라가 열릴 것입니다. 죄로 가득한 이 세상은 끝나고 하나님의 새로운 세상이 열릴 것입니다. 하나님의 새 나라에는 죽음도 병도 괴로움도 없습니다. 그래서 사랑이 가득한 하나님 나라에는 기쁨과 웃음이 넘칠 것입니다. 그러나 여러분의 죄를 그대로 안고는 하나님 나라에 들어갈 수 없습니다."

예수가 하나님 나라 이야기를 시작하자 여기저기서 웅성거리는 소리가 들려 왔습니다.

"이 나라가 끝이라니, 그럼 로마가 망하고 새로운 이스라엘이 세워진다는 말씀인가?"

"죽음도 없고 병도 없는 나라라구? 정말 그런 나라가 있다면 얼마나 좋을까?"

"우리의 죄를 안고는 새 나라에 들어갈 수 없다니, 어떻게 해야 하지?"
사람들은 예수의 이야기를 이해하지 못했습니다.
"라비님, 저희가 어떻게 해야 죄를 버리고 새 나라에 들어갈 수 있습니까?"
한 사람이 용기를 내어 예수에게 물었습니다.
"하나님 앞에 죄를 모두 고백하십시오. 그리고 다시는 그런 죄를 짓지 않겠다고 기도하십시오. 여러분의 죄는 마음 속 깊은 곳에 도사리고 있는 욕심에서 시작된 것입니다. 자기만 아는 욕심을 먼저 버리십시오."
예수는 사람들이 알아들을 수 있도록 쉽게 설명해 주었습니다.
"하나님의 기쁜 소식을 이웃들에게도 전하십시오. 하나님께서는 여러분을 자녀로 사랑하십니다. 그러니 여러분도 아버지라 믿고 하나님께 기도하십시오. 죄악이 가득한 세상에서 구해 달라고 기도하십시오. 그러면 여러분을 하나님 나라로 이끌어 주실 것입니다."
예수의 이야기는 오랜 시간 동안 계속되었습니다. 사람들은 예수의 이야기에 빠져들었습니다. 예수의 말이 어느새 사람들의 마음 속에 희망을 심어 주었습니다. 로마의 지배를 받으며 아무런 희망 없이 살던 사람들에게 하나님 나라는 더없이 행복한 곳으로 생각되었습니다. 그래서 사람들은 자신의 삶을 뉘우치게 되었습니다. 죄를 지으며 살아 온 것을 후회했습니다. 이제 더 이상 자기 욕심만 채우고 살지 않겠다고 굳게 마음먹었습니다. 욕심을 부리면 하나님 나라에 들어갈 수 없기 때문입니다.

"라비님, 저는 죄를 너무 많이 지었습니다. 저 같은 죄인도 용서해 주실까요?"

"물론입니다. 하나님 앞에서 진심으로 뉘우치기만 한다면 어떤 죄라도 용서하십니다."

예수는 힘주어 대답했습니다. 예수가 이야기를 마치고 육지로 내려오자 병들고 지친 많은 사람들이 예수 앞으로 모여들었습니다. 옆 마을인 가버나움에서 이미 많은 병자를 고쳤다는 소문을 들었기 때문입니다.

예수는 가버나움에서 그랬던 것처럼 한 사람, 한 사람에게 기도해 주었습니다. 가버나움의 기적은 이곳 벳새다에서도 똑같이 일어났습니다. 중풍에 걸려 꼼짝 못 하던 사람이 자리를 박차고 일어났습니다. 손이 마비되어 쓸 수 없던 사람도 나았습니다. 갖가지 병으로 고통받던 사람들이 예수의 기도를 받고 나면 그대로 나았습니다. 병이 낫기를 바라는 사람과 병을 고쳐 주려는 예수의 간절한 마음이 하나로 통했기 때문입니다.

모여든 병자들을 모두 고쳐 주고 나니 어느 새 날이 어두워졌습니다. 모두들 행복한 얼굴로 되돌아갔습니다. 이제 게네사렛 호숫가에는 예수와 몇몇 어부만 남아 있었습니다. 시몬과 안드레, 요한과 야고보가 예수를 자기 집으로 모셔 가려고 끝까지 남았습니다.

"라비 예수님, 오늘은 저희 집에서 머무시지요. 저녁 식사를 준비하겠습니다."

요한이 먼저 예수에게 청했습니다. 예수는 시몬을 바라보았습니다. 시몬은 아직도 어리둥절해 있었습니다. 예수의 말에 감동되긴 했지만 아직도 믿기지 않는다는 얼굴이었습니다. 한나절 동안 하나님 나라 이야기를 전하고 또 병든 사람들을 깨끗이 고치는 것을 보았지만 아직도 예수를 믿지 못했습니다. 그 동안 숱하게 나왔던 사기꾼 예언자들의 기억이 남아 있기 때문이었습니다.

"시몬…… 배를 다시 저 깊은 바다로 띄워 보시오."

예수는 시몬의 마음을 다 안다는 듯 엷은 미소를 띠우며 말했습니다.

"아니, 배는 왜 띄우라 하십니까?"

시몬은 사람들도 다 흩어졌는데 다시 배를 띄우라고 하니 이상해서 되물었습니다.

"내 말대로 해 보시오. 배를 저쪽으로 띄워 보시오."

안드레는 벌써 배를 밀고 있었습니다. 요한도 거들었습니다.

"이보게, 시몬. 뭐 하는 거야. 라비께서 하라시는 대로 하게."

시몬은 얼떨결에 배를 육지에서 밀고 자신도 배에 올라탔습니다. 배에 탄 예수는 좀더 깊은 곳으로 노를 저어

갔습니다. 요한과 야고보도 자신들의 배에 타고 예수를 따라갔습니다. 배가 제법 육지에서 떨어지자 예수는 다시 시몬에게 말했습니다.

"자, 여기서 그물을 던져 보시오."

시몬은 당황하며 대답했습니다.

"저, 라비님, 이곳에는 물고기가 없습니다. 저와 안드레가 어제 밤새도록 여기서 고기를 잡으려고 했지만 한 마리도 못 잡았습니다. 여기에 그물을 던지는 건 헛일입니다. 제가 잘 아는걸요."

예수는 시몬의 말에 고개를 저었습니다.

"아니, 아니요. 당신의 생각에 갇혀 살지 마시오. 지금 여기에 그물을 던지시오, 어서!"

'아니, 지금까지 고기잡이만 해 먹고 살아 온 날 뭘로 보는 거야? 나도 이젠 척 보면 안다구! 여긴 분명히 고기가 없어!'

시몬은 불만에 차서 속으로 중얼댔습니다. 옆 배에서 이 모습을 지켜 보던 요한이 참지 못하고 소리쳤습니다.

"시몬 형님! 라비님이 그물을 던지라시잖아요. 어서 던지세요!"

요한의 벼락치는 듯한 소리에 시몬도 움찔했습니다. 안드레가 그물을 펴서 던질 준비를 하고 있었습니다.

"에라, 모르겠다. 영차!"

시몬은 힘껏 그물을 던졌습니다. 하지만 시몬은 이곳에

서 고기를 잡을 수 있다고는 생각하지 않았습니다.

'쳇, 물고기는 이미 씨가 말랐는데 한 마린들 잡히겠어? 당신의 코가 납작해질 테니 어디 두고 봅시다.'

이런 생각을 한참 하며 쓴웃음을 짓고 있던 시몬의 손이 갑자기 바다로 딸려 들어갈 듯했습니다. 시몬이 쥐고 있던 그물이 바닷속으로 내려앉고 있었기 때문입니다.

"아야!"

시몬은 방심하고 있다가 그물에 손바닥을 베이고 말았습니다. 손바닥에서 피가 흘렀지만 시몬은 오랜 세월 동안 고기잡이를 했기 때문에 그물을 놓치진 않았습니다. 옆에 있던 안드레도 그물을 놓칠 세라 안간힘을 쓰고 있었습니다. 그런데도 그물이 빨려 들어가는 힘은 만만치 않았습니다. 시몬이 능숙하게 그물을 죄고 늦추기를 거듭했습니다. 그러나 아무래도 힘이 달렸습니다.

'이게 어찌 된 노릇이야? 이건 대체 뭐지? 여기에, 그것도 이렇게 많은 고기가 끌려올 리가 없잖아?'

시몬은 그물의 힘을 느끼면서도 믿을 수가 없었습니다. 마치 무언가에 홀린 듯했습니다. 이제까지 고기를 잡으면서 이렇게 끌어올리기 힘든 것은 처음이었습니다.

"도와 줘! 너무 무거워! 그물이 찢어질 판이라구!"

시몬이 소리쳤습니다. 옆 배에 타고 있던 요한이 잽싸게 시몬의 배로 옮겨 탔습니다. 세 사람이 힘을 모아 그물을 끌어당기니 마침내 그물이 끌려오기 시작했습니다. 그물을 끌어올리니 잡힌 물고기가 배에 가득했습니다. 다들 놀라움을 감추지 못하고 있는데 시몬은 고개를 떨구었습니다. 그리고 예수 앞에 무릎을 꿇고 말했습니다.

"예수님, 저는 죄인입니다. 예수님의 말씀을 믿지 않았으니 죄인입니다."

시몬은 이제껏 예수를 함부로 대했던 것뿐만 아니라 살아 오면서 지은 죄들이 마음 속을 스치고 지나가는 것을 느꼈습니다.

"시몬의 죄는 이제 모두 용서받았소. 이제부터 당신을 반석이라는 뜻으로 베드로라 부를 테니 나를 따라오시오. 내가 당신을 사람을 낚는 어부로 만들겠소."

베드로라는 새 이름을 받은 시몬은 마음이 평안해짐을 느꼈습니다. 시몬은 비로소 웃으며 고개를 끄덕였습니다.
"네, 예수님. 말씀대로 따르겠습니다."
시몬이 예수의 제자가 되겠다고 하자 요한도 소리질렀습니다.
"라비 예수님, 저도 당신의 제자가 되겠습니다. 저를 받아 주십시오."
요한의 목소리가 어찌나 컸던지 예수는 웃으며 대답했습니다.
"하하하, 요한의 소리는 마치 천둥치는 소리 같소. 그래, 우레의 아들 요한, 당신은 모든 것을 버리고 나를 따를 수 있겠소?"
"네, 당신은 분명 우리 이스라엘을 구할 그리스도요, 메시아이십니다. 저는 당신을 끝까지 따를 것입니다."
요한은 힘주어 대답했습니다.
"그래, 그러면 세 사람을 내 제자로 삼겠소. 그러나 여러분이 앞으로 가야 할 길은 험난할 것이오. 하나님의 나라가 이루어지려면 어려운 고비를 많이 넘겨야 하기 때문이오. 여러분 모두 포기하지 않고 따라올 자신이 있소?"
"네, 예수님께서 함께 가시면 저희는 어떤 어려움도 넘을 것입니다."
이렇게 해서 세 어부는 하루 만에 하던 일을 버리

고 예수를 따르는 제자가 되었습니다. 고기를 낚던 어부가 사람 낚는 어부로 된 것입니다. 그들의 마음 속에는 예수를 도와 앞으로 새 나라를 만들어 가리라는 꿈이 생겼습니다. 그러나 그들이 생각한 새 나라는 예수가 말한 하나님 나라와는 좀 달랐습니다.

7. 예수를 따르는 열 두 제자

양심을 팔았던 마태

갈릴리는 헤롯 안티파스 왕이 다스리고 있었습니다. 아버지가 죽은 뒤 갈릴리 지방을 물려받은 헤롯 안티파스 왕은 로마의 비위를 맞추느라 다른 지역보다 세금을 잘 바치려고 애썼습니다. 마을마다 세금 걷는 세리를 보내 꼬박꼬박 세금을 뜯어 냈습니다.

세리가 걷는 세금의 일부는 세리의 주머니로도 들어가곤 했습니다. 그러니 백성들은 로마에 바칠 세금에다가 세리에게 주는 세금까지 두 배로 내는 셈이었습니다. 그러다 보니 이스라엘 백성들은 세리를 헤롯 안티파스 왕이나 로마보다 더 미워했습니다. 동족의 피를 빨아 먹는 자들이 세리였기 때문입니다. 세리들은 그렇게 미움을 받을망정 세금을 악착같이 걷어서 대부분 부자로 살았습니다.

마태도 가버나움 근처 작은 마을의 세리였습니다. 마태는 풍족한 생활을 누리려고 동족을 배신했습니다. 그래서 유대인이면서도 회당에 나갈 수 없었습니다. 마태는 오직 먹고 마시는 즐거움으로 살았습니다. 비슷한 처지의 세리들끼리 모여 잔치를 열며 술로 세월을 보냈습니다.

'이렇게 사는 게 무슨 의미가 있을까? 사람들에게 미움 받고 욕먹고 하나님의 성전에 가서 예배도 못 드리니 나는 무얼 위해 사는 걸까? 돈은 모았지만 이걸로 하는 일은 고작 파티나 열고 술만 마시니 …… 아, 내 인생은 왜 이렇게 된 것일까?'

마태는 요즘 들어 이런 생각에 자주 빠져들었습니다. 날이 갈수록 세금 걷기도 힘겨웠습니다. 같은 민족인 데다가 다들 비슷하게 가난한 사람들이었습니다. 그들에게서 세금을 뜯어 내려고 종종 로마군의 도움을 받았습니다. 협박도 하고 때리기도 하고 심지어 감옥에도 보내야 했습니다. 그러면 당한 사람의 식구들이 마태의 집으로 몰려와 욕을 하고 저주를 퍼붓곤 했습니다. 이제 마태는 이런 생활이 점점 견디기 힘들었습니다.

'좀 가난해도 이웃들과 어울려 따뜻하게 살아 봤으면 …….'

마태는 이제 올바로 살고 싶었습니다. 하지만 이제까지 못된 짓만 저질렀기 때문에 어느 누구도 마태를 상대해 주지 않았습니다.

예수와 제자들이 가버나움에서 멀지 않은 작은 마을에

들어서니 이곳도 다른 데처럼 마을 어귀에 세리가 앉아 있었습니다.

"어느 마을이나 민족을 팔아 먹는 놈들이 꼭 있다니까!"

마을 어귀에 버티고 앉아 통행세를 걷는 세리 마태를 보자 베드로는 기분 나쁜 얼굴로 말했습니다.

"저 세리놈은 로마 병사를 아예 옆에 붙여 두었군. 꽤나 겁이 많은 놈인 모양이야."

성격이 불 같은 요한도 한 마디 했습니다.

"자, 이곳을 지나갈 모양인데 어서 사람 수대로 세금을 내시오!"

마태는 귀찮은 듯 소리쳤습니다.

예수는 마태 앞으로 다가섰습니다. 마태는 의자에 비스듬히 앉아 귀를 긁적이고 있었습니다.

"아니, 저놈이 건방지게······."

마태의 태도를 보다못한 요한이 앞으로 뛰어나왔습니다. 그러나 마태 앞에 다다르기도 전에 그 자리에 주저앉고 말았습니다. 로마 병사가 방패로 요한의 얼굴을 내리쳤기 때문입니다.

"아야······ 이게 뭐야? 내가 어쨌다고 사람을 치는 게냐?"

넘어진 요한의 코에서 코피가 흘렀습니다. 이를 본 마태는 움찔했습니다.

'저렇게까지 할 건 없는데 …… 로마 병사놈이 너무하잖아?'

마태는 속으로 이렇게 생각했지만 한 마디도 할 수 없었습니다.

"그러길래 얌전히 세금을 내고 지나갔으면 될 것 아니오? 왜 괜한 사람 성질을 건드려 그렇게 당하는 거요?"

마태는 속마음과 다르게 말했습니다.

"에이, 내 저놈을 그냥!"

요한이 벌떡 일어나 다시 마태에게 덤벼들려 하자 예수가 요한을 무섭게 쳐다보았습니다.

"요한, 진정하오. 무엇 때문에 싸우려 하는가?"

예수의 한 마디에 요한은 아무 소리 못 하고 뒤로 물러났습니다.

"당신이 대장인 모양인데, 저 사람 교육 좀 잘 시키슈! 어서 세금이나 내고 지나가시오. 난 바쁜 사람이오."

마태는 예수를 보며 말했습니다.

"무식한 세리 같으니. 넌 라비 예수님의 소문도 못 들었느냐? 온 갈릴리 사람들이 예수님 말씀을 들으려고 하는 마당에, 그래 넌 고작 돈이나 챙길 생각뿐이냐?"

베드로가 흥분하여 마태에게 소리쳤습니다.

'아니, 예수라면 …… 나도 소문을 들었는데. 이 사람이 예수란 말인가? 설마 …… 난 아주 화려하고 근사하게 하고 다닐 줄 알았는데. 이 사람이 하나님의 사람이라는

7. 예수를 따르는 열두 제자 119

바로 그 예수란 말인가?'
마태는 눈을 둥그렇게 뜨고 예수를 살펴보았습니다. 이제껏 보았던 라비의 모습이 아니었습니다. 화려한 옷으로 그럴 듯하게 꾸미지도 않았고 큰 키에 다정하게 빛나는 눈과 단정하게 빗은 머리가 전부였습니다. 허름한 옷을 깨끗하게 손질해 입고 있는 이 키 큰 남자가 하나님의 사람이라니 믿기지 않았습니다.
"당신이 정말 라비 예수가 맞습니까?"
마태는 마침내 예수에게 묻고 말았습니다. 그런데 예수의 눈을 바라본 순간 마태는 이상한 기분을 느꼈습니다. 예수는 아무 말 없이 마태를 바라보았습니다. 마태도 갑자기 할 말을 잊은 사람처럼 물끄러미 예수를 바라보았습니다. 예수의 눈은 마치 이렇게 말하는 듯했습니다.
'나는 너의 고통을 잘 알고 있다. 날마다 네가 무엇 때문에 괴로워하는지 안다. 동족을 배반했다는 죄 때문에 괴로워서 잠 못 이루고 술로 밤을 새우는 것도 알고 있다. 이제 내가 너를 그 고통에서 벗어나게 해 주겠다. 더 이상 괴로워할 것 없다.'
예수는 한 마디도 하지 않았지만 마태는 이미 감동했습니다. 이 사람만은 자기에게 손가락질하거나 욕하지 않을 것 같았습니다. 자기를 따뜻하게 대해 줄 것 같았습니다.
"나를 따라오시오. 이들과 함께 하나님 나라의 기쁜 소식을 전하는 제자가 되지 않겠소?"

"허락하신다면 저도 당신을 죽을 때까지 따르고 싶습니다."

주위에 몰려 있던 사람들은 모두 깜짝 놀랐습니다. 이제까지 마태가 이처럼 공손하게 말하는 것을 본 적이 없었기 때문입니다.

"아니, 저 사람, 마태가 틀림없나? 건방지기로 유명한 세리 마태가 맞아?"

"정말 놀랍군. 마치 길들여진 강아지처럼 예수님 앞에 서는 저렇게 얌전해지다니!"

마태의 곁에 서 있던 로마 병사도 놀랐습니다. 차갑고 잘난 척만 하던 세리 마태가 저토록 공손한 태도로 말하는 것은 상상도 못 했기 때문입니다.

"이봐, 마태! 세금 걷는 것을 잊은 거야? 이 사람을 따라 뭘 하겠다고?"

로마 병사가 마태를 흔들며 말했습니다. 마치 잠든 사람을 깨우려는 듯 마태의 어깨를 마구 흔들었습니다.

"이봐, 난 더 이상 세리 마태가 아냐. 세금은 자네나 걷게. 나는 이제부터 예수님의 제자로 새로 태어날 테니까."

마태는 태어나서 이처럼 기쁜 적이 없었습니다. 마태는 더 이상 민족의 욕을 먹는 세리가 아니라 위대한 라비 예수의 제자가 된 것입니다.

"자, 이렇게 기쁜 날 가만 있을 수 없지. 예수님, 저희

7. 예수를 따르는 열 두 제자   121

집에서 잔치를 열겠습니다. 함께 가시지요."

예수는 웃으며 고개를 끄덕였습니다. 그러나 다른 제자들은 얼굴이 굳어졌습니다. 이스라엘 사람이라면 세리하고는 결코 상대를 하지 않았습니다. 그만큼 세리는 미움을 받았지요. 그런 세리의 집에서 함께 먹고 마시다니, 생각도 할 수 없는 일이었습니다.

"베드로, 당신의 생각은 옳지 않소. 마태도 당신과 꼭 같은 사람이오. 하나님께서 사랑하시는 자녀란 말이오. 더구나 이제부터 우리와 함께 지내기로 했으니 당신의 형제요. 세상의 눈으로 형제들을 보지 마시오!"

베드로가 말을 꺼내기도 전에 예수는 베드로의 생각을 다 알고 먼저 말했습니다. 다른 제자들도 베드로와 같은 생각이었으나 예수의 한 마디에 모두 따를 수밖에 없었습니다.

마태의 집에는 모처럼 세리와 몸 파는 여자가 아닌 사람들까지 모이게 되었습니다. 세리들은 민족의 미움을 사서 자기들끼리만 어울렸던 것입니다. 마태의 집에 모인 많은 세리들이 예수의 이야기를 듣고 자신의 잘못을 뉘우쳤습니다. 제자들도 세리들을 감동시킨 예수의 말씀에 더욱 감동했습니다.

"예수님, 저희의 어리석은 마음을 용서하십시오. 잘 알지도 못하면서 많은 사람들과 똑같이 세리를 미워했습니다. 다시는 그런 잘못된 생각으로 사람을 대하지 않겠습니다."

베드로도 자신의 잘못을 뉘우쳤습니다.

"이제 자신의 잘못된 생각을 깨달았으니 됐소. 아직도 자신이 잘못 생각하는 것조차 모르고 큰소리치는 사람이 여기 있소."

예수가 말한 사람은 유대교의 한 파인 바리새인들이었습니다. 그들은 예수가 세리의 집에서 식사를 한다는 소식을 듣고 꼬투리를 잡으려고 모여 있었습니다.

"이보시오, 당신들은 어떻게 죄인인 세리와 몸 파는 창녀들과 한자리에서 먹고 마실 수가 있소? 더럽고 창피한 것도 모르는 자들과 어울리다니!"

바리새인들은 마태의 집 문 앞에 서서 예수와 제자들을 손가락질하며 소리쳤습니다.

"의사는 건강한 사람에게는 필요 없지 않소? 병들어 고통스러운 자들에게나 의사가 필요하오. 그렇듯 나는 의로운 사람을 위해 온 것이 아니오. 죄인을 불러 잘못을 뉘우치게 하고 하나님께 이끌기 위해 온 것이오!"

바리새인들은 예수의 말에 꼼짝 못 하고 돌아가야 했습니다. 약이 오른 그들은 예수를 없앨 방법을 궁리하게 되었습니다.

제자들을 가르치는 예수

예수를 따라다니는 제자들이 너무 많아지자 함께 다니기

가 어려워졌습니다. 그래서 자기의 모든 일을 뒤로 하고 오직 예수만 따르며 하나님 나라 이야기를 전할 열 두 명의 제자를 뽑았습니다. 그들의 이름은 베드로, 안드레, 야고보, 요한, 빌립, 나다나엘, 마태, 도마, 또 다른 야고보와 시몬, 유다 그리고 가롯 출신의 유다였습니다. 베드로는 나이가 많아 제자들의 대표가 되었습니다. 어부 출신인 안드레는 베드로의 동생이었고 불 같은 성격의 요한과 차분한 야고보 형제도 꿈을 가지고 예수를 따르게 되었습니다. 빌립과 나다나엘은 한마을 친구로 공부를 열심히 하는 사람들이었습니다. 마태는 세금 걷는 관리였고 도마는 무슨 일이든 직접 해야 직성이 풀리는 사람이었습니다. 또 다른 시몬과 야고보는 조용히 할 일을 잘 했고 가롯 출신의 유다는 계산이 빠르고 똑똑해서 함께 쓰는 재산을 관리했습니다. 열 두 명의 제자들과 예수는 언제나 함께 지내게 되었습니다.

　예수는 열 두 제자들을 따로 불러모아 이야기를 시작했습니다. 비록 가난하고 병들고 보잘것 없어도 마음에 사랑이 있는 사람은 하나님 나라에서 행복하게 살 수 있다고 했습니다. 그리고 돈 많고 높은 자리에 있으면서 가난한 이웃들을 모른 체하는 사람은 머잖아 벌을 받게 되리라고 했습니다.

　그러자 검게 그을린 얼굴에 똑똑한 머리를 가진 가롯 유다가 물었습니다.

"선생님, 선생님께서 새로 세우실 나라에서는 가난하고 힘없는 자들이 높은 자리에 앉게 된다는 말씀이지요? 지금 떵떵거리고 사는 바리새인이나 헤롯 왕 같은 자들은 당신의 나라에서 보잘것 없는 사람이 되리라는 말씀이 맞지요?"

"가롯 유다, 내 말을 좀더 깊이 생각해 보시오. 이제 열릴 나라는 당신이 생각한 것같은 그런 나라가 아닙니다. 그리고 그 나라를 다스리는 이는 하나님이시오."

예수의 말에 가롯 유다는 찔끔했습니다. 그러나 한편으론 좀 이상하기도 했습니다. 가롯 유다는 이스라엘이 하루빨리 로마의 지배에서 벗어나기를 꿈꿔 왔습니다. 그러니 예수가 세울 하나님 나라란 이스라엘의 독립을 말하는 거라 믿고 예수를 따르는 제자가 된 것입니다.

그런데 지금 예수는 앞으로 열릴 나라는 유다가 생각하는 그런 나라가 아니라고 딱 잘라 말하고 있습니다.

'그렇다면 선생님께서 말씀하시는 나라는 좀 다른 형태인가? 그렇더라도 어쨌든 로마를 벗어나 독립된 나라에서 나도 한몫을 다할 수 있겠지!'

유다는 나름대로 예수의 말을 해석했습니다. 그러나 뒷날 유다는 이 날의 판단이 틀린 것임을 알게 됩니다.

"자, 하나님 나라에 들어가고자 하는 여러분은 내 말을 명심하고 지켜 나가십시오. 여러분을 미워하고 욕하는 자가 옆에 있다 해도 똑같이 미워하거나 욕하지 마십시오. 차라리 그들을 위해 기도하십시오.. 심지어 여러분의 오른뺨을 때리거든 왼뺨도 돌려 대 주십시오. 여러분에게 이것을 달라고 요구하면 저것까지 함께 줄 줄 알아야 합니다. 사랑하고 나눠 줄 줄 아는 사람들이 새 나라의 주인이 될 것입니다."

"예수님, 저는 지금도 우리 식구들과 이웃들을 사랑하고 있습니다. 그러면 새 나라에 들어갈 수 있겠습니까?"

끼여들기 좋아하는 도마가 예수에게 물었습니다.

"도마, 당신이 그들을 사랑하는 이상으로 그들도 당신을 사랑하고 있습니다. 누구나 자기를 사랑하는 사람을 사랑합니다. 그것은 쉬운 일입니다. 죄인이라 할지라도 자기에게 잘 해 주는 사람에게는 잘 해 줄 줄 압니다. 그러면 무엇이 잘 하는 것입니까? 내 말을 잘 들으시오. 뭔가를 바라지 않고 그냥 주고 그냥 사랑하는 것입니다. 일을 해 주고 돈을 받듯이 무언가 베풀고 도로 받으려 한다면 그건 사랑이 아닙니다. 당신을 모른 체하거나 미워한다 할지라도 사랑할 수 있어야 한다는 것입니다."

"어떻게 그럴 수 있습니까? 얻어맞고도 사랑하라니요? 무얼 위해 그래야 합니까?"

성격이 급한 요한이 예수에게 물었습니다.

"하나님께서 여러분에게 후하게 갚아 주실 것이기 때문

입니다. 여러분이 형제를 용서하면 하나님께서도 여러분의 죄를 용서하십니다. 여러분이 형제에게 나눠 주면 하나님께서 더 큰 것을 여러분에게 내려 주실 것입니다. 감히 형제를 이렇다 저렇다 비판하지 마십시오. 그러면 여러분도 똑같이 비판을 받게 될 것입니다. 어떻게 형제의 작은 잘못은 욕하면서 자기가 저지른 큰 죄는 모른단 말입니까? 사람은 다 같습니다. 그러니 남을 함부로 이야기하지 마십시오. 여러분은 스스로 좋은 열매 맺기에 힘쓰십시오. 착한 마음을 갖고 사는 사람은 좋은 열매를 맺게 됩니다. 당장 그렇게 행동해야 합니다. 생각만 있고 행동이 없으면 착한 마음은 아무 소용이 없기 때문입니다. 여러분이 나를 선생님이라 하면서도 내가 한 말을 지키지 않는다면 무엇으로 날 따른다 믿겠습니까? 내 말을 지켜 실천하는 사람은 튼튼한 바위를 기초로 집을 지은 사람과 같습니다. 어떤 비바람이 몰아쳐도 결코 무너지지 않을 것입니다."

'하나님께서 갚아 주신다구? 그 말은 장차 새 나라에서 높은 자리를 줄 거라는 말씀인가?'

요한도 유다와 다를 바가 없었습니다. 요한은 예수가 말하는 나라가 로마를 물리치고 새로 세워질 나라로 이해했던 것입니다. 그러나 예수가 말하는 새 나라는 보통 나라와는 좀 다른 것이었습니다.

세례 요한의 최후

예수는 제자들을 훈련시키려고 둘씩 짝을 지어 이스라엘 각 지방으로 보냈습니다. 그곳에서 하나님의 말씀을 전하고 병든 자를 고쳐 주라고 제자들에게 특별한 기도의 능력을 주어 보냈습니다.

제자들은 각자 맡은 지방으로 가서 하나님의 말씀을 들려 주고 모여든 병자들에게 손을 얹고 기도해 주었습니다. 그래서 많은 사람들이 하나님 나라를 믿게 되었고 또 병을 고치기도 했습니다. 제자들은 기쁨에 넘쳐서 예수에게 돌아왔습니다. 저마다 자기가 겪은 이야기들을 예수에게 보고하느라 밤이 새는 줄도 몰랐습니다.

그러나 기쁨도 잠깐, 이들에게 슬픈 소식이 들려 왔습니다. 바로 세례 요한이 헤롯 왕에게 붙들려 죽임을 당했다는 것이었습니다.

세례 요한은 죽기 직전까지 헤롯 왕궁 앞에서 설교를 했습니다. 날마다 헤롯 왕에게 잘못을 뉘우치고 하나님의 심판을 두려워하라고 외쳐 댔습니다. 헤롯 왕은 세력을 넓히려고 동생인 필립을 죽이고, 동생의 부인이었던 헤로디아를 왕비로 맞아 살고 있었습니다. 세례 요한은 헤롯의 이런 잘못을 어서 뉘우치라고 날마다 소리쳤습니다.

요한의 말이 옳았기 때문에 헤롯 왕은 요한을 막지 못했지만 부인 헤로디아와 딸 살로메는 달랐습니다. 그들은

백성들 앞에서 자기들을 부끄럽게 만든 요한을 죽이고 싶었습니다. 그래서 날마다 헤롯 왕에게 요한을 죽여 달라고 부탁했습니다.

그러나 겁 많은 헤롯 왕은 요한을 죽이면 하나님의 벌을 받게 될 거라는 생각 때문에 그냥 내버려 두었습니다. 참다 못한 헤로디아는 헤롯 왕을 꼼짝 못 하게 할 방법을 생각해 냈습니다.

헤롯 왕의 생일이 되어 많은 사람들이 잔치에 초대받아 왔습니다. 술을 잔뜩 마신 헤롯 왕은 기분이 좋았습니다.

"여러분, 사랑하는 내 딸 살로메는 춤을 아주 멋지게 춘다오. 여러분도 한눈에 반하고 말 거요."

살로메를 무척이나 사랑하는 헤롯 왕은 손님들 앞에서 딸 자랑을 하느라 기분이 한껏 들떴습니다. 모두들 살로메의 춤을 보고 싶다고 하자 헤롯 왕은 더욱 으쓱하여 딸에게 춤을 춰 보라고 했습니다.

"살로메, 너의 아름다운 춤을 보여 다오. 모두들 네 춤을 보고 싶어 안달이 났구나."

"아버지, 제가 아버지를 위해 춤을 춘다면 제가 원하는 것을 주실 건가요?"

살로메는 살살 웃으면서 헤롯 왕을 꼬였습니다.

"암, 주고말고. 네겐 아까울 게 없단다. 이 나라 절반을 떼어 달래도 줄 것이고, 왕비 자리를 달라고 해도 주겠다."

　살로메는 헤롯 왕의 대답을 듣고 춤을 추기 시작했습니다. 헤롯 왕은 기분이 좋아 살로메의 춤을 보며 웃었습니다. 손님들도 환성을 지르며 살로메의 춤을 칭찬했습니다. 헤롯 왕의 어깨가 더욱 으쓱해졌습니다.
　"내 예쁜 딸, 살로메야. 그래, 네가 갖고 싶은 게 뭐냐? 어서 말하렴, 내 당장 줄 테니!"
　살로메는 활짝 웃으며 대답했습니다.
　"고맙습니다, 아버지. 제가 갖고 싶은 것은 오직 하나, 세례 요한의 목뿐입니다. 지금 그의 목을 베어 제게 주십시오!"
　헤롯 왕은 얼굴이 하얗게 질렸습니다. 딸이 요한의 목을 달라고 할 줄은 상상도 못 했기 때문입니다. 그것만은 안 된다고 하고 싶었지만 손님들 앞에서 큰소리치고 한 약속이라 지키지 않을 수 없었습니다. 왕의 체면 때문입니다. 헤롯 왕은 두려운 마음을 애써 감추며 병사들에게 요한을 잡아 오게 했습니다.
　이렇게 해서 세례 요한은 어처구니없게 목숨을 잃고 말았습니다. 세례 요한이 죽자 그를 따르던 많은 이스라엘 사람들은 마치 엄마 잃은 새처럼 슬픔 속에서 갈 길을 모르고 헤매야 했습니다.

8. 떡 다섯 개로 5000명을 먹이다

떡 다섯 개와 물고기 두 마리

꼬마 요셉은 배가 몹시 고팠습니다. 어머니 아버지 손을 잡고 여기까지 오면서 점심도 먹지 못했습니다. 어른들의 걸음을 따라가기도 힘겨워서 이곳 광야에 다다르자 기진맥진했습니다.

요셉네는 농사를 지으며 행복하게 살았습니다. 그런데 올해는 농사가 잘 되지 않았습니다. 먹을 것이 모자라 쩔쩔매고 있는데 세리와 로마 병사가 요셉의 집에 찾아왔습니다. 로마 병사는 세금을 내라고 소리지르면서 다짜고짜 요셉의 아버지를 마구 때렸습니다. 세리는 옆에서 웃고만 있었습니다. 어머니는 병사를 말리다 넘어져 기절하고 말았습니다.

나중에 안 일이지만 그때 어머니 뱃속에 있던 요셉의 동생이 죽었다고 했습니다. 그 일이 있고 난 뒤 요셉의 부모는 짐을 챙겨 마을을 떠났습니다. 요셉은 어머니한테

서 위대한 라비를 찾아간다는 이야기를 들었습니다. 그분은 우리를 구해 줄 거라는 말도 들었습니다. 요셉은 그들을 구해 준다는 라비를 상상하며 먼길을 따라왔습니다. 그런데 이제 더 이상 견딜 수 없을 만큼 힘이 빠져 버렸습니다. 요셉은 어머니에게 속삭였습니다.

"엄마, 배가 고파요. 떡이랑 물고기 싸 온 것 좀 먹으면 안 되나요?"

요셉은 먼길을 떠나면서 비상 식량으로 싸 온 도시락 생각이 간절했습니다. 가난한 살림이라 기껏 떡 다섯 덩이와 물고기 두 마리였지만 말입니다.

"요셉, 조금만 더 참을 수 없겠니? 지금 라비님께서 중요한 말씀을 해 주시고 있잖니. 우리는 라비님의 말씀을 듣기 위해 여기까지 찾아온 거잖아. 그런데 말씀 도중에 음식을 먹는다면 다른 사람에게 방해가 될 거야. 그러니 조금만 더 참자. 말씀이 끝나면 바로 먹을 걸 줄 테니까."

어머니 말이 옳았습니다. 주위를 둘러보니 다들 귀를 쫑긋 세우고 키가 큰 라비님의 말씀을 듣고 있었습니다. 부모를 따라온 아이들도 얌전히 앉아 있거나 잠을 자고 있었습니다. 이럴 때 요셉 혼자 음식을 먹으면 안 될 것 같았습니다. 뱃속에선 쪼르륵 소리가 났지만 꾹꾹 참았습니다. 곧 떡과 물고기를 먹을 수 있다는 희망으로 라비님의 얼굴을 바라보며 웃고 있었습니다.

마침내 라비님의 말씀이 끝났습니다. 그런데 사람들이 아무도 움직이지 않았습니다. 대신 앞에서 라비님과 여러 어른들이 이야기를 나누고 있었습니다. 요셉은 어머니에게 다시 졸랐습니다.

"엄마, 이제 말씀이 끝난 거죠? 그러니까 이제 먹어도 되죠?"

어머니는 좀 난처한 표정이었습니다.

"요셉, 어쩌지? 다른 사람들도 모두 우리만큼 배가 고파 보이는데 아무도 음식을 싸 오지 않은 모양이다. 그러니 우리만 얌체처럼 여기서 먹기가 어렵구나."

"그래도 배가 고파서 더 이상 못 참겠어요. 어서 떡을 주세요. 조금만 먹을게요."

요셉은 배가 너무 고픈 나머지 떼를 썼습니다. 어머니는 하는 수 없이 음식 꾸러미를 건네 주었습니다. 요셉이 사람들 눈치를 살피며 살짝 꾸러미를 끌렀습니다. 다른 사람들은 앞을 보고 있느라 요셉의 꾸러미를 보지 못했습니다. 요셉이 살짝 떡을 집을 때였습니다. 요셉의 눈앞에 커다란 발이 다가섰습니다. 요셉은 고개를 들고 쳐다보았습니다.

"꼬마야, 네 도시락이니?"

앞에 서 있는 어른은 분명 라비님을 돕는 어른들 가운데 한 사람이었습니다.

"네, 그…… 그런데요."

어른은 좀 어색한 웃음을 지으며 말했습니다.
"애야, 지금 라비님께서 음식을 찾고 계시는데 음식이 있는 사람이 너밖에 없구나. 라비님께 갖다 드리면 어떻겠니?"

요셉은 아무 말도 못 했습니다. 그렇게 오래 참아서 이제야 먹으려 하는데 라비님에게 다 갖다 드리라니, 정말 너무한 이야기였습니다.

"라비님께서 이걸 드신다구요?"
요셉은 울상이 돼서 물었습니다.

"아니란다. 라비님께서 음식이 있으면 모두 함께 나눠 먹을 수 있도록 가져오라고 하셨단다."

"그치만 요것 갖고 어떻게 나눠 먹지요?"

"글쎄다, 그건 나도 잘 모르겠지만…… 라비님을 믿고 드려 보지 않겠니? 라비님께서는 분명 무슨 방법이 있으실 거야."

요셉은 라비 예수를 쳐다보았습니다. 순간 예수와 눈이 마주쳤습니다. 예수는 요셉의 마음을 아는지 모르는지 따뜻한 웃음을 짓고 있었습니다. 요셉은 얼굴이 화끈 달아올랐습니다. 혼자 먹겠다고 욕심 부린 제 모습이 부끄러워진 것입니다.

"이걸 라비님께 드릴게요. 여기요."

요셉은 음식 꾸러미를 얼른 건네 주었습니다. 배는 여전히 고팠지만 마음은 편안했습니다. 라비님이 어떻게 할지는 몰라도 잘 한 일이라고 생각했습니다.

예수의 생각을 이해 못 한 제자들은 고개만 젓고 서 있었습니다. 어떻게 5000명도 넘는 사람들의 음식을 여기서 찾는 것인지 알 수 없었기 때문입니다. 그때 뒤편에서 안드레가 달려왔습니다.

"예수님, 여기 먹을 것을 좀 구했습니다. 딱 한 꼬마가 음식을 싸 와서 이렇게 가져왔습니다."

예수는 고개를 끄덕였습니다. 그러나 제자들은 꾸러미에 싸인 떡과 물고기를 보더니 피식 웃었습니다. 어른 혼자 먹어도 배가 안 부를 만큼 적은 양이었기 때문입니다.

"잘 했소, 안드레. 이 음식을 내준 소년에게 축복이 있을 것이오."

예수는 제자들을 시켜 사람들을 모두 들판에 앉게 했습니다. 이스라엘 사람들은 식사를 할 때면 느긋하게 옆으로 기대 앉았습니다. 이 날 모인 사람들도 여러 명씩 둥글게 앉았습니다.

"자, 이제 내가 감사 기도를 드리고 음식을 나눠 줄 테니 여러분은 사람들에게 차례로 갖다 주도록 하시오."

예수의 말에 제자들은 어리둥절했습니다. 저렇게 적은 음식 갖고 어떻게 나눠 먹자는 건지 도무지 이해할 수 없었습니다.

"하늘에 계신 우리 아버지, 우리에게 이토록 귀한 양식을 내려 주셔서 감사합니다. 여기 모인 사람들이 이 양식으로 주린 배를 채울 뿐만 아니라 아버지께서 주시는 생명의 양식으로 저들의 영혼도 채울 수 있도록 해 주시기를 기도합니다."

예수는 떡을 잘라 내어 높이 들고 감사 기도를 올렸습니다. 그리고는 바구니를 들고 서 있는 제자들에게 떡을 나눠 주었습니다.

그런데 참으로 신기한 일이 벌어졌습니다. 기도하고 떼어 낸 떡이 예수의 손에 그대로 들려 있었습니다. 기도하고 나눈 물고기도 원래대로 남아 있었습니다. 제자들이 떡과 물고기를 바구니에 가득 담아 사람들에게 나눠 주고 돌아와도 예수의 손에 있는 떡과 물고기는 그대로였습니다. 예수는 끊임없이 기도하고 음식을 나누었고 제자들도 음식을 들고 사람들에게 계속 나눠 주러 돌아다녔습니다. 바삐 뛰어다니느라 제자들의 얼굴에 땀방울이 송송 맺혔습니다. 기도하는 예수의 얼굴에도 땀이 흘러내렸습니다. 거의 모든 사람에게 음식을 다 나눠 주었는데도 예수의 손에는 음식이 처음 그대로 남아 있었습니다.

사람들은 배가 고파 음식을 먹으면서도 놀라움을 감추지 못했습니다.

"저분은 돌아가신 요한 선생님이 말한 메시아가 맞나 봐요. 어떻게 저만큼으로 이 많은 사람들을 다 먹일 수가……."

"난 처음부터 알았다구. 저분은 하나님께서 보내신 그리스도야. 이스라엘을 구할 메시아라구."

"정말 놀라운 기적이야. 저분이야말로 우리의 왕이 되셔야 해!"

여기저기서 예수를 왕으로 떠받드는 소리가 메아리처럼 울려 퍼졌습니다. 기다리던 메시아가 왔다고 여자들은 기쁨의 눈물을 흘렸습니다.

"예수님, 드디어 사람들이 선생님을 메시아로 알아보기 시작했습니다."

유다가 흥분한 목소리로 말했습니다.

"저렇게 많은 사람들이 선생님을 떠받드니 이제 새 나라 세우는 일은 시간 문제입니다. 어서 시작하시지요."
"유다, 나는 사람들에게 높임을 받으려고 온 게 아니오. 하나님의 나라는 높은 사람에 의해 세워지는 게 아니오. 그렇다면 세상의 나라와 다를 게 뭐겠소. 헛된 생각을 어서 버리시오."

예수의 한 마디에 유다는 찔끔했습니다. 로마를 물리치고 힘센 통일 국가를 세워서 일하는 것이 유다의 야망이었습니다. 물론 다른 제자들도 유다와 크게 다르지 않았습니다. 다들 예수가 힘센 나라를 어서 만들어 로마를 물리치고 떵떵거리며 살기를 바랐습니다.

예수는 제자들이 식사를 마치자마자 어서 떠나자며 자리에서 일어섰습니다. 사람들이 몰려들기 전에 배를 타고 벳새다로 가라고 일렀습니다.

"그러면 선생님께서는 어떻게 오시려구요?"
베드로가 걱정스레 물었습니다.
"나는 산에 올라가 기도하고 뒤따라가겠소. 먼저들 가서 쉬고 있으시오."

예수는 제자들과 헤어진 뒤 홀로 산으로 갔습니다.

바다 위를 걷는 예수

배를 탄 제자들은 호수 한가운데쯤 이르러 거센 물결을 만났습니다. 능숙한 어부인 베드로도 쩔쩔맬 만큼 사나운 물결이었습니다.

"이보게, 어떻게 좀 해 보게. 이러다가 육지에도 못 닿고 물귀신이 되는 게 아닌가?"

도마가 베드로를 재촉했습니다.

"이 사람, 조용히 좀 하게. 호들갑 떤다고 물결이 가라앉겠나? 베드로가 배를 가장 잘 다루니 그의 말을 따라 노를 젓도록 하세."

겁 먹고 호들갑을 떠는 도마에게 요한이 호통쳤습니다.

베드로는 온몸이 땀에 젖도록 애썼지만 거센 물살 때문에 노를 다루기가 어려웠습니다. 힘은 점점 빠지는데 다른 제자들이 자기만 믿고 같이 노를 젓고 있으니 노를 놓을 수도 없었습니다.

'아, 하나님, 제게 힘을 주십시오. 설마 저희를 이대로 죽게 두지는 않으시겠지요?'

베드로도 두려움에 싸여 속으로 기도를 하고 있었습니다. 바로 그때 베드로의 눈에 환상이 보였습니다. 파도 저편으로 예수의 모습을 본 것입니다.

'선생님, 왜 이럴 때 저희 곁에 계시지 않습니까? 선생님만 계시면 이렇게 두렵지는 않을 것입니다.'

베드로의 생각을 아는지 환상 속의 예수는 점점 베드로에게 가까이 다가왔습니다.

"으악, 유령이다! 선생님의 유령이 저기 바다 위에 나타났다!"

두려움에 떨고 있던 도마가 소리쳤습니다. 베드로는 깜짝 놀랐습니다. 자기만 본 환상인 줄 알았는데 도마도 본 모양입니다. 다른 제자들도 웅성대기 시작했습니다.

"아, 아니 왜 선생님의 유령이 바다 위로 걸어오는 거지?"

"유령이 보이는 걸 보니 우리가 죽을 모양이다."

예수의 모습은 점점 더 가까워지고 있었습니다. 제자들은 좁은 배 위에서 점점 뒷걸음쳤습니다. 베드로도 하마터면 노를 놓칠 뻔했습니다.

"여러분, 모두 놀라지 마시오. 나요, 두려워 마시오."

있을 수가 없는 일이었습니다. 환상도 유령도 아닌 진짜 예수가 바다 저편에서부터 물 위로 걸어오고 있었습니다. 예수가 다가올수록 물결도 잠시 잠잠해졌습니다.

"예수님, 진정 예수님이시거든 저도 당신처럼 물 위로 걸어오라 하소서!"

베드로가 예수에게 부탁했습니다.

"물 위로 걸어오시오!"

베드로는 노를 요한에게 맡기고 발을 바다 위로 내디뎠습니다. 발이 물에 잠기는가 싶더니 아래쪽에서 부드럽게 받쳐 주는 힘이 느껴졌습니다. 베드로는 용기를 내어 나머지 발도 바다로 내디뎠습니다.

"아, 이럴 수가······. 선생님, 제가 바다에 섰습니다. 제가, 제가 바다 위에 서리라고는 꿈에도 생각 못 했는데……."

베드로는 기뻐서 외치며 한 발씩 내디뎠습니다. 다른 제자들도 놀라서 아무 소리 못 하고 베드로와 예수를 번갈아 쳐다보았습니다. 베드로는 순간 옆을 쳐다보았습니다. 불과 몇 미터 옆에 무서운 파도가 입을 벌리고 있었습니다. 베드로의 마음에도 두려움의 파도가 덮쳐 왔습니다. 그 순간 베드로는 갑자기 바닷속으로 빠지고 말았습니다.

"아악, 선생님, 구해 주십시오!"

베드로가 허우적거리며 예수를 불렀습니다.

"믿음이 적은 자여, 왜 의심했는가?"

예수는 재빨리 베드로의 손을 잡아 배에 태우고 자신도 올라탔습니다.

"잠잠해지라!"

예수가 거센 물결을 향해 소리치자 곧 잠잠해졌습니다. 주위는 어느 새 평온해졌습니다.

'이분은 대체 누구시길래 바다도 다스리시는가?'

제자들은 다시 한 번 놀랐습니다. 아까 떡 다섯 개와 물고기 두 마리로 5000명을 먹인 것도 잊고 있었나 봅니다. 제자들은 예수가 바다를 잠잠하게 만드는 것을 보고 다시금 하나님의 아들이 맞다고 생각하게 되었습니다. 자연을 다스릴 수 있는 힘은 오직 하나님밖에 없다고 생각했기 때문입니다.

"내가 안심하고 여러분을 잠시 떠나 있게 해 줄 수는

없소. 어찌 그 새에 믿음을 잃어버리고 의심만 하고 있소. 언제까지 내가 여러분 곁에 있어야겠소? 내가 떠나면 여러분은 어쩌려고 이러는 거요?"
예수는 쉽게 흔들린 제자들을 나무랐습니다.
"여러분에게 겨자씨만한 믿음만 있어도 이렇지는 않을 것이오. 파도뿐만 아니라 저 산을 들어 옮길 수도 있을 것이오. 그런데 이게 뭐요? 고작 이만한 파도에 두려워하다니……. 이런 믿음으로 어찌 하나님 나라를 세울 수 있겠소?"
제자들은 모두 고개를 떨구었습니다. 그 동안 숱하게 이룬 예수의 기적을 보아 왔으면서도 아직도 예수를 의심하는 마음이 남아 있었던 까닭입니다.
예수는 그 길로 제자들을 이끌고 갈릴리 여러 마을을 다니며 쉬지 않고 성서 이야기를 들려 주고 병든 사람들을 고쳐 주었습니다. 갈릴리 모든 지역에서 예수를 모르는 사람이 없게 되었고 사람들은 예수를 새로운 왕으로 모시기를 원했습니다. 이 소문을 들은 헤롯 왕은 두려움에 떨었습니다. 헤롯 왕은 자기가 죽인 세례 요한이 예수가 되어 다시 살아온 거라 믿었기 때문입니다. 헤롯 왕은 예수를 어찌할지 몰라 이 궁리 저 궁리하며 세월을 보냈습니다.

대제사장 가야바

시온 산 위의 화려한 궁전에 멋지게 차려 입은 사람들이 모여들었습니다. 예복을 입고 잔뜩 멋을 부린 사람들은 바로 제사장들이었습니다. 제사장들이 둘러앉은 한가운데에 있는 멋진 의자에는 궁전 주인인 대제사장 가야바가 앉아 있었습니다. 긴 턱수염에 긴 예복을 입고 화려한 반지를 낀 가야바는 우두머리답게 엄숙한 표정을 짓고 있었습니다.

"자, 이제 회의를 시작합시다. 오늘 회의를 연 까닭은 ……."

산헤드린 회의가 시작되었습니다. 제사장들은 중요한 일을 결정하거나 의논할 때 산헤드린 회의를 열었습니다. 이들은 모두 유대의 중요한 종교 지도자들이었습니다.

"제사장님, 이제 더 이상 바라만 볼 때가 아닙니다. 그 갈릴리 사람은 점점 큰 힘을 키우고 있습니다."

바리새인 하나가 말을 꺼냈습니다.

"또 그 예수인가 하는 사람 말이오? 그가 또 무슨 짓을 했소? 이번엔 또 어떤 말을 한 거요?"

대제사장 가야바는 얼굴을 찌푸리며 물었습니다.

"그는 하나님을 감히 아버지라고 부르며 안식일을 범했습니다. 게다가 ……."

"신성 모독이군. 천하디 천한 나사렛 출신 떠돌이가 하나님을 아버지라고 부르다니! 그리고 또 무슨 짓을 했소?"

"저 …… 그게, 믿을 수는 없지만 그가 문둥병자를 고쳤다고 합니다."

"하하하, 웃기는군! 문둥병이라니 …… 말이 되는 소리를 하시오. 분명 무슨 피부병이나 걸린 사람을 가지고 사기를 친 거겠지!"

가야바는 어처구니없다는 듯이 웃었습니다. 그러자 또 다른 바리새인이 벌떡 일어나 말했습니다.

"얼마 전 그가 갈릴리에서 5000명도 넘는 사람들에게 떡과 물고기를 배불리 먹였다고 합니다."

"그건 또 무슨 소리요? 예수라는 작자는 떠돌이이고 재산도 없다면서 무슨 돈으로 그 많은 사람들을 먹였단 말이오?"

가야바는 버럭 화를 냈습니다. 예수가 유명해지는 게 몹시 신경 쓰였기 때문입니다. 그러자 일어섰던 바리새인은 더욱 곤란한 표정을 지으며 대답했습니다.

"저, 그게 돈으로 사서 먹인 게 아니라 …… 가지고 있던 물고기 두 마리와 떡 다섯 덩이로 조화를 부려서 많아지게 했다고 합니다. 그래서 모인 사람들은 예수를 이스라엘 왕으로 모셔야 한다고 난리들을 쳤다고 합니다."

바리새인은 겨우 말을 마친 뒤 땀을 닦으며 자리에 앉았습니다.

"갈수록 태산이라더니 …… 이건 또 무슨 소리요? 어쩌다 그런 소문이 난 거요? 무슨 속임수를 썼길래 무식한 백성들이 그를 신비스럽게 떠받들도록 만든 거요?"

가야바는 그런 이야기를 아예 믿으려고 하지 않았습니다. 예수를 위험한 마술사쯤으로 생각했기 때문입니다. 앞뒤를 잘 모르는 백성들이 예수의 속임수에 넘어가서 왕처럼 떠받든다고만 생각했습니다.

"정신차리시오, 여러분! 예수를 언제까지 보고만 있을 거요? 여러분의 회당에서 백성들을 끌어 내는 예수를 그냥 보고만 있다가는 여러분 자리는 머잖아 없어질 거요! 더구나 예수를 따르는 무리가 점점 많아진다면 그들이 폭동을 일으킬 수도 있소. 그러면 우리 이스라엘은 천한 나사렛 사기꾼의 나라로 되고 말 거요. 여러분과 나는 길가의 거지 신세가 될 테고 말이오!"

가야바는 일부러 심한 말을 골라 했습니다. 다들 정신을 차리고 하루빨리 예수를 없앨 궁리를 하게 만들려고 그렇게 한 것입니다.

"대제사장님, 우리도 예수란 자를 막아야 한다고 생각합니다. 그러나 그를 따르는 사람들이 의외로 많기 때문에 섣불리 건드렸다간 백성들이 소란을 일으킬 게 분명합니다. 그래서 조심스럽게 일을 처리하려고 고민하고 있습니다."

한 제사장의 말에 가야바는 고개를 끄덕였습니다.

"그건 당신 말이 맞소. 파리를 잡자고 집을 태울 수는 없지. 어서 묘안을 생각해 내서 예수라는 자를 아무도 모르게 없애도록 하시오. 우리 이스라엘의 미래를 구하기 위해서라도 말이오!"

이 날 회의는 예수를 어떻게 남몰래 잡아들일까를 의논하다가 끝났습니다. 자세한 방법을 찾아 내진 못했지만 적어도 예수를 없애야 한다는 생각만큼은 일치된 회의였습니다.

9. 용서하고 또 용서하라

가장 위대한 사람은

예수는 자기가 어떻게 될 것인지를 미리 다 알고 있는 듯했습니다. 그래서 어느 날인가는 제자들을 모아 놓고 이야기를 시작했습니다.

"머지않아 나는 사람들에게 잡힐 것이오. 그들이 예전부터 나를 죽이려 한 것은 여러분도 잘 알 것이오. 그러나 분명히 말하지만 나는 여러분을 떠나 사흘 만에 다시 돌아올 것이오. 잊지 마시오!"

예수의 갑작스런 이야기에 제자들은 깜짝 놀랐습니다.

"무슨 말씀이십니까? 선생님께서 잡히다니 말도 안 됩니다. 저희를 떠나지 마십시오. 저희와 새 나라를 세울 거라고 하셨잖습니까?"

제자들은 예수의 말을 이해하지 못했습니다. 그래서 예수의 말을 귀담아 듣지 않았습니다.

"예수님, 그보다 궁금한 게 있습니다. 하나님 나라에서는 누가 가장 위대한가요?"

요한이 예수에게 물었습니다.

"여러분은 어린아이들이 내게 오는 것을 자주 막았소. 왜 그랬지요?"

요한은 예수가 대답 대신 불쑥 질문을 던진 게 이상했지만 생각대로 말했습니다.

"그거야, 아이들은 시끄럽고 귀찮기 때문이지요. 선생님께서 중요한 말씀을 하시는데 아이들이 방해가 될 테니까……."

"아니오, 여러분이 하찮게 생각하는 사람이 하나님 나라에서는 가장 위대한 사람이오. 누구든지 어린아이처럼 자신을 낮춰야 하나님 나라에 들어갈 수 있는 것이오."

예수는 계속해서 말했습니다.

"하나님께서는 단 한 명의 어린아이라도 잃기를 원치 않으십니다. 여러분이 어린아이 하나를 잘못 가르쳐 죄 짓게 한다면 그 벌을 면치 못할 것이오."

제자들은 긴장했습니다. 이제까지 아이들을 함부로 다룬 적이 많았기 때문입니다.

'하나님께서는 한 사람의 아이도 중요하게 여기신다.'

제자들은 예수의 말을 가슴 깊이 새겼습니다.

"선생님, 그런데 사람들이 제게 잘못을 저지르면 얼마나 참고 용서해야 할까요? 일곱 번 용서해 준다면 충분

하겠지요?"

요한이 다시 물었습니다.

"그냥 일곱 번이 아니라 일흔 번씩, 일곱 번이 되도록 용서하고 또 용서하시오. 참으로 용서하는 마음은 그처럼 끝이 있어서는 안 됩니다. 하나님께서도 여러분의 잘못을 끝없이 용서해 주시기 때문이오. 여러분이 진정으로 뉘우치기만 한다면 말이오."

"와, 한 사람당 490번이라도 용서를 하라는 말씀이시군요. 용서하기보다 그렇게 잘못을 저지르기도 힘들겠네요."

요한이 한숨을 내쉬며 말했습니다. 요한은 예수의 제자가 되기 전까지 누가 기분 나쁜 말 한 마디만 해도 발끈해서 싸움을 하곤 했습니다. 그런데 490번씩 용서를 해야 한다고 하니 참으로 까마득해 보이기도 했겠지요. 다른 제자들은 그런 요한을 보며 웃음을 터뜨렸습니다.

이때 한 청년이 근심스런 얼굴로 찾아왔습니다.

"저, 이 댁에 라비 예수께서 묵고 계신다던데……."

"들어오시오. 무슨 일로 날 찾아온 거요?"

청년은 피부에 윤기가 흐르고 얼굴도 잘 생긴 데다 좋은 옷을 입고 있어서 한눈에 보기에도 아주 잘 사는 집 청년 같았습니다.

"갑자기 찾아와서 죄송합니다. 너무 궁금한 게 있어서 여쭤 보려고 왔습니다."

예수는 청년을 바라보며 묵묵히 있었습니다.
"어제 회당에서 라비님 말씀을 듣고 밤새 고민했습니다. 라비님께서 말씀하신 영원한 생명을 얻으려면 어떻게 해야 하지요?"
"하나님 말씀대로 살면 되지요."
"어떤 말씀인가요?"
"살인하지 말라, 간음하지 말라, 도둑질하지 말라, 거짓말하지 말라, 부모를 공경하라, 이웃을 자기 몸처럼 사랑하라는 말씀이오."
청년은 잠시 생각에 잠기더니 말했습니다.
"저는 방금 하신 말씀을 이제껏 다 지키며 살았다고 생각합니다. 라비님 보시기에 제가 무얼 더 해야 할까요?"
예수는 청년의 눈을 쳐다보며 말했습니다.
"참으로 완전한 사람이 되고자 한다면······ 지금 가서 당신의 재산을 가난한 이웃들에게 골고루 나눠 주시오. 그렇게 하면 하늘에서 당신에게 더 큰 보물을 줄 것이오. 그리고 나서 나를 따르시오. 영원한 생명을 얻기 원한다면 말이오."
청년은 매우 곤란한 표정이 되었습니다. 평생 동안 편안하게 먹고 살 수 있는 재산을 다 나눠 주라니 도무지 엄두가 나지 않았습니다. 청년은 예수의 제자들을 둘러보았습니다. 부자로 보이는 사람은 한 사람도 없었습니다.

'나도 저 초라한 사람들과 함께 라비를 따라 떠돌아다녀야 한다고? 내 재산을 모두 가난한 사람들에게 나눠 주고?'

청년은 그런 자신의 모습을 상상해 보았습니다. 도무지 자신이 서지 않았습니다.

"저…… 라비님, 꼭 그 방법밖에 없나요?"

예수가 고개를 끄덕였습니다.

"그렇다면 집에 돌아가서 생각 좀 해 보겠습니다."

청년은 근심에 싸여 돌아갔습니다.

"명심하시오. 부자가 하나님 나라에 들어가는 것은 낙타가 바늘 구멍을 통과하는 것보다도 어렵소."

예수가 심각하게 말했습니다.

"그럼 대체 누가 구원받을 수 있습니까? 세상에는 부자가 얼마나 많은데요."

유다가 예수에게 물었습니다.

"하나님께서는 다 아십니다. 하나님께서 하실 일입니다."

그러자 이번에는 베드로가 물었습니다.

"예수님, 저희는 모든 것을 버리고 예수님을 따랐으니 장차 무엇을 받게 됩니까?"

"새로운 시대가 열리면 나는 영광스러운 자리에 앉을 것이오. 그때 여러분도 이스라엘의 열 두 지파를 심판할 열 두 자리에 앉을 것입니다. 또한 다른 사람들도 나를

따르려고 식구나 재산을 포기하면 몇 배의 상을 받을 것이고 영원한 생명도 얻게 되오. 그러나 기억하시오. 앞선 자가 뒤처지기도 하고 뒤에 있는 자가 앞서기도 할 것이오. 명심하시오."

제자들은 기뻤습니다. 지금은 예수를 따라 떠돌아다니기가 힘겹지만 이제 곧 새 나라가 만들어지면 높은 자리에 앉게 된다니 말입니다.

그러나 제자들이 생각한 높은 자리는 예수가 말한 영광의 자리와는 좀 다른 것이었습니다.

기도는 어떻게 하는가

어느 날 예수가 산에서 기도를 하고 내려오자 기다리고 있던 제자들이 물었습니다.

"선생님, 요한 선생이 제자들에게 기도하는 법을 가르쳐 준 것처럼 우리에게도 가르쳐 주십시오."

예수는 고개를 끄덕였습니다.

"말을 많이 한다고 참된 기도가 되는 것은 아닙니다. 바리새인처럼 사람들 앞에서 잘 보이려고 떠벌리는 기도도 하나님께서 받지 않으십니다. 여러분은 기도할 때 사람이 아무도 없는 조용한 곳에서 혼자 기도하시오. 자기의 마음을 담아 진심으로 할 때 하나님께서 여러분의 기도를 들으십니다. 말을 많이 해야 되는 것도 아닙니다. 다만 이렇게 기도하십시오.

하늘에 계신 우리 아버지여.
아버지의 이름이 거룩하게 여겨지게 하시고
아버지의 나라가 속히 이 땅에 이루어지게 하소서.
우리에게 날마다 필요한 양식을 주시고
우리가 우리에게 죄지은 사람을 용서한 것처럼 우리의 죄도 용서하여 주십시오.
또한 우리가 나쁜 시험에 들지 않게 하여 주시고
악한 생각들로부터 우리를 구하여 주소서."

제자들은 예수가 가르쳐 준 기도문을 외웠습니다. 꼭 필요한 기도의 말들이었습니다.

예수는 설명을 덧붙였습니다.

"여러분도 자식들에게는 좋은 것을 골라 주려 하지요. 그처럼 하나님 아버지께서도 여러분에게 좋은 것을 주고자 하십니다. 그러니 하나님께 원하는 것을 구하면 반드시 받을 것입니다. 문을 두드리면 열리듯이 기도로 구하면 받게 됩니다."

이처럼 예수가 말하는 하나님은 아버지와도 같았습니다. 이전까지 유대인들은 하나님을 무조건 두렵게만 생각해 왔습니다. 언제나 무섭고 벌 주는 하나님이라고 생각해 죽지 않으려면 하나님의 법을 따라야 한다고 배워 온 것입니다.

그러나 예수는 이전의 그릇된 가르침과는 달리 하나님을 아버지라고 부르게 하며 하나님의 사랑을 가르쳤습니다.

제자들도 예수의 말을 들으며 점차 하나님에 대한 두려움을 떨쳐 버리고 아버지처럼 가깝게 생각했습니다.

잃어버린 양을 찾아서

예수 곁에는 언제나 많은 세리들과 죄인들이 모였습니다. 그들은 누구보다도 예수의 말씀을 듣고 싶어했습니다.

어느 날 예수는 세리들의 초대를 받아 함께 식사도 하고 하나님 나라 이야기도 해 주었습니다. 이를 본 바리새인들과 율법학자들이 세리의 집 앞에서 투덜거렸습니다.

"저것 좀 보시오. 예수는 아무도 상대하기 싫어하는 세리들과 함께 식사까지 하면서 어울리지 않소. 저런 천한 자가 무슨 메시아가 된단 말이오? 저런 자가 어떻게 이스라엘을 구할 왕이 되겠소?"

바리새인뿐만 아니라 이스라엘 사람이면 누구나 세리들을 싫어했습니다. 그런데 예수는 세리들과 자주 어울려 이야기를 나누니 바리새인들이 못마땅하게 여긴 것입니다.

"정말이오. 예수는 아무리 봐도 메시아가 아니오. 더러운 자들과 어울리는 메시아가 어디 있겠소?"

율법학자들도 예수를 비웃었습니다. 이들이 일부러 들으라고 큰 소리로 떠들어 대는 바람에 예수의 이야기를 듣던 세리들은 기분이 잔뜩 상했습니다.

"내 말을 잘 들으시오!"

예수는 바리새인들과 율법학자들에게 소리쳤습니다.

"만약 당신이 양을 100마리 가지고 있다고 합시다. 그런데 어느 날 들판에서 한 마리를 잃어버렸다면 어쩌겠소?"

예수의 갑작스런 물음에 바리새인들과 율법학자들은 어리둥절했습니다.

"분명 아흔 아홉 마리를 들판에 두고 잃어버린 양을 찾아 길을 헤맬 것이오. 그러다가 한 마리를 찾으면 기쁨에 차서 양을 데리고 집으로 돌아올 것입니다. 이처럼 하나님께서는 죄짓고 떠도는 한 사람을 안타까워하십니다. 정의로운 사람 100명이 있어도 어떤 한 사람이 죄를 짓고 어둠 속에서 살고 있으면 그를 구하려고 애쓰게 되는 것이오. 내가 죄인들과 가까이 하는 것도 그 때문이오. 나는 잃어버린 양 한 마리를 구하려고 여기 있소."

예수의 말을 듣고서 바리새인들과 율법학자들은 더 이상 욕하지 못하고 조용히 돌아갔습니다. 함께 있던 제자들은 예수의 말씀을 가슴 깊이 새겼습니다.

'정말로 하나님 나라 소식이 필요한 사람은 잘 살고 똑똑하고 높은 사람이 아니다. 가난한 사람, 병든 사람, 죄짓고 괴로워하는 사람이다. 잃어버린 한 마리 양처럼 외로운 사람들에게 기쁜 소식을 전해야겠다.'

제자들은 이렇게 마음먹었습니다.

예수를 잡으려는 사람들

유대인 지도자들은 날이 갈수록 예수를 미워하게 되었습니다. 기회만 있으면 어떻게든 예수를 없애려고 했습니다. 그래서 예수는 유대 지방을 피해 주로 갈릴리 지방만 다녔습니다.

그러나 유대인의 명절이 가까워 오고 있었습니다. 많은 사람들이 예루살렘으로 모여들었습니다. 예수도 사람들 눈에 띄지 않게 조심하며 예루살렘으로 들어갔습니다.

유대인 지도자들은 예수가 명절을 지내려고 예루살렘에 오리라는 것을 알았습니다. 그래서 많은 부하들을 예루살렘 시내에 내보내 예수가 어디 있는지 알아 내고자 했습니다.

그러나 어느 누구도 예수가 어디 있는지 알아 낼 수 없었습니다. 예수를 메시아라고 굳게 믿는 사람들은 유대인 지도자들이 예수를 죽이려고 하는 것을 알고 있었습니다. 그래서 아무도 예수 이야기를 입 밖에 내지 않았습니다. 이스라엘의 마지막 희망인 예수를 잡히게 할 수는 없었기 때문입니다.

명절 기간이 반쯤 지났을 때였습니다. 예수가 마침내 예루살렘 성전에 나타나 하나님 나라 이야기를 시작했습니다. 유대인 지도자들도 잔뜩 긴장해서 예수의 말을 들었습니다. 예수의 말 가운데 잘못된 것을 찾아 잡아들이기 위해서였습니다.

예수의 이야기를 듣던 사람들도 비로소 그가 예수임을 알아챘습니다.

"아니, 이 사람이 바로 성전 책임자들이 잡으려고 했던 사람이 아닌가! 그런데 이 사람을 잡지 않는 것을 보니 진짜 메시아라고 믿기 때문일까?"

사람들이 술렁대기 시작했습니다.

"정말 그래. 성전 책임자들도 어쩔 수 없는 모양이야. 진짜 그리스도이신가 봐!"

"이보게, 그렇지만 예언서에는……."

"자네는 언제부터 성서를 그렇게 잘 알았나?"

"내 말이 맞아. 그리스도는 분명 베들레헴에서 나온다고 적혀 있네."

"하지만 예수라는 사람은 나사렛 출신이잖아?"

"그래, 이방인들의 마을 나사렛이지. 그런 천한 동네에서 우리를 구원할 메시아가 어떻게 나오겠는가?"

예수의 말을 들으려고 모였던 사람들은 서로 예수가 그리스도라느니 그렇지 않다느니 하며 떠들어 대기 시작했습니다.

그때 예수가 큰 소리로 외쳤습니다.

"여러분은 나를 알고 내가 어디서 왔는지도 알고 있소. 그러나 나는 내 뜻대로 온 것이 아니오. 나는 참된 분이 보내서 온 것이오. 여러분은 그분을 모르지만 나는 그분을 알고 그분께서 나를 보내신 것도 아오."

예수의 말을 듣던 유대인 지도자들과 성전 책임자들이 발끈했습니다.

"아니, 저 자가 또 하나님께서 자기를 보내셨다고 말하고 있구나. 하나님을 저렇게 모독하다니 참을 수 없다."

그들은 예수의 말을 듣고 그를 잡아들일 기회라고 생각했습니다. 그러나 예수는 그들의 마음을 읽고는 그들을 향해 말했습니다.

"아니, 아직은 나를 잡아들일 때가 아니오. 나는 조금 더 있다가 나를 보내신 분에게 돌아갈 것이오. 그때는 여러분이 날 찾아도 찾지 못할 것이오."

사람들은 예수의 말을 이해하지 못했습니다.

"무슨 말이지? 찾아도 찾지 못할 거라니? 얼마나 먼 나라로 가려고 저러지? 혹시 그리스에 흩어져 사는 유대인들에게 가려는 것일까?"

예수는 더 이상 자세히 설명해 주지 않았습니다.

마침내 명절 마지막 날이 되었고 예수는 여전히 예루살렘 성전에서 하나님 나라 이야기를 전하고 있었습니다. 유대인 지도자들과 바리새인들은 이 날 예수를 꼭 잡아야겠다고 생각했습니다. 예수의 말을 들은 많은 백성들이 예수를 믿고 따랐기 때문입니다. 사람들이 예수를 믿겠다고 따라가면 회당 우두머리인 제사장들의 힘이 그만큼 약해집니다. 때문에 어떻게 해서든 예수가 더 이상 이야기를 못 하게 해야 했던 것입니다.

"목마른 자들은 다 내게로 오시오. 나를 믿는 사람은 성서에 나온 것처럼 마음 속에서 신선한 물이 흘러 나오게 될 것이오. 그리하면 더 이상 목마르지 않을 것이오."

예수가 말하는 물은 입으로 마시는 물이 아니었습니다. 하나님의 사랑을 믿고 따르는 사람들은 마음이 메마르지 않고 촉촉하게 적신 것처럼 행복하다는 뜻이었습니다. 미워하고 욕심부리며 사는 사람은 언제나 목마른 사람처럼 부족함을 느끼고 삽니다. 날마다 또 다른 무언가를 차지하려는 욕심 때문입니다. 그러나 사랑으로 사는 사람은 비록 가난하고 힘이 없어도 욕심이 없기 때문에 마음이 언제나 행복할 수 있습니다.

예수의 이야기를 듣는 사람마다 크게 감동해 예수를 따르게 되었습니다.

대제사장 가야바는 점점 더 많은 사람들이 예수를 따르게 되자 서둘러 경비병들을 보냈습니다. 예수를 잡아 오라고 보냈는데 경비병들은 그냥 돌아왔습니다. 가야바는 무섭게 호통을 쳤습니다.

"어찌 된 게냐? 예수를 잡아 오라고 했잖아? 너희도 예수의 말에 넘어간 게냐?"

"죄송합니다. 그렇지만 그분을 차마 제 손으로 체포할 수 없었습니다. 죄명도 없이 어떻게 라비를 잡아 오겠습니까? 더구나 그분 말씀은 모든 사람들의 마음을 감동시

킵니다. 그러니 주위엔 온통 그분을 따르는 사람들이
둘러서 있어서 도저히 잡을 수가 없습니다."

가야바를 비롯한 유대인 지도자들은 잔뜩 약이 올랐습니다. 그래서 어떻게든 예수를 함정에 빠뜨리려고 온갖 궁리를 다했습니다.

죄 없는 사람 나오시오

다음 날도 예수는 예루살렘 성전에서 사람들에게 하나님 나라 이야기를 전했습니다. 이른 아침이었는데도 이미 많은 사람들이 예수의 이야기를 들으려고 몰려들었습니다. 예수가 한참 이야기를 하는데 바리새인들이 젊은 여인을 질질 끌고 몰려왔습니다.

"라비님, 이 여자는 결혼한 몸으로 남편이 아닌 다른 남자와 좋아 지냈습니다. 모세의 율법에는 이런 여자는 돌로 쳐죽이라고 돼 있는데 어떻게 하면 좋겠습니까?"

이것은 바리새인들과 율법학자들이 예수를 잡아들이려고 꾸민 함정이었습니다. 예수는 그 사실을 아는지 모르는지 끌려온 여자를 바라보다가 조용히 바닥에 쭈그리고 앉았습니다.

그런 예수를 바라보며 유대인 지도자들은 속으로 승리의 웃음을 지었습니다.

'넌 이제 꼼짝없이 걸려들었다. 어떻게 대답해도 넌 곤란할 거야. 여자를 놓아 주라고 한다면 모세의 법을 어기라는 것이니 곧 성서를 어기는 게 되지. 또 여자를 돌로 쳐죽이라고 한다면 넌 다른 사람과 똑같이 잔인한 사람이 되고 말지. 그러면 이제까지 네가 사람들에게 이야기했던 사랑도 거짓이 되는 거구 말이야. 자, 어서 대답해 봐라. 넌 이제 끝장이다.'

유대인 지도자들은 이제야 예수를 꼼짝 못 하게 만들 수 있다고 자신만만했습니다.

그런데 예수는 아무 말 없이 앉은 채 바닥에 무언가를 적고 있었습니다. 이를 본 유대인 지도자들은 초조했습니다. 뭘 하느라 저러고 있을까 생각다 못한 유대인 지도자들은 예수 앞으로 다가갔습니다. 예수가 바닥에 잔뜩 적어 놓은 것을 읽어 본 유대인 지도자들은 하나같이 깜짝 놀랐습니다. 바로 그때 예수가 자리에서 벌떡 일어섰습니다.

"당신들 가운데 죄 없는 사람이 먼저 이 여자를 돌로 치시오. 죄가 없는 사람이 이 여자를 심판할 자격이 있소."

의기양양하던 유대인 지도자들은 슬금슬금 눈치를 보기 시작했습니다. 모여 있던 사람 가운데 어느 누구도 돌을 던지는 사람이 없었습니다. 죄 없는 사람이 누가 있을까요? 저마다 가슴 속에 여러 가지 잘못했던 일들이 떠올라 선뜻 여인에게 돌을 던질 수 없었습니다.

그런데 당장이라도 여인을 죽일 것 같았던 유대인 지도자들과 바리새인들은 왜 아무 말도 못 한 것일까요? 그들은 예수가 바닥에 적어 놓은 것을 보았던 것입니다. 바닥에는 유대인 지도자들이 사람들 몰래 저질렀던 잘못들이 죄다 적혀 있었습니다. 그러니 유대인 지도자들은 찍소리 못 하고 슬금슬금 뒷걸음치다가 마침내 도망치듯 가 버렸습니다.

"여인이여, 당신을 죄인이라 돌 던진 자가 있는가?"

예수는 모두 떠나 버린 성전에 홀로 남아 있는 여인에게 물었습니다.

"아닙니다, 라비님. 아무도 없습니다. 그들은 모두 떠났습니다."

"아무도 당신을 죄인 취급하지 않았으니 나도 당신의 죄를 묻지 않겠소. 어서 돌아가시오. 그러나 이제 더 이상 죄짓지 말고 살도록 해요."

예수의 말을 들은 여인은 눈물을 흘렸습니다. 죽을 뻔한 목숨이었는데 예수가 구해 준 것입니다.

"라비님, 절 구해 주셔서 고맙습니다. 더 이상 죄짓지 않고 참되게 살겠습니다."

여인은 흐르는 눈물을 닦으며 조용히 인사를 하고 돌아갔습니다.

죽은 나사로를 살리다

예수와 제자들은 날이 갈수록 조심해서 다녀야 했습니다. 가야바와 유대인 지도자들이 이들을 잡으려고 예루살렘 곳곳에 부하들을 내보냈기 때문입니다.

예수는 예루살렘을 빠져 나와 요한이 세례를 주던 요단 강 건너편으로 가서 하나님 나라 이야기를 전하고 있었습니다.

그곳에서 멀지 않은 베다니라는 마을에 나사로와 마리아, 마르다 세 남매가 살고 있었습니다. 이들은 예수를 진정 사랑하는 사람들이었습니다. 물론 예수도 세 남매를 남달리 사랑해서 베다니를 지날 때면 꼭 이들 집에서 쉬고 갔습니다.

그런데 이즈음 몸이 약한 나사로가 심한 열병에 걸렸습니다. 동생인 마리아와 마르다가 열심히 간호했지만 병은 날로 깊어 갔습니다. 그들은 가난한 살림이었지만 예루살렘에서 유명한 의사를 불러 왔습니다. 그러나 의사가 준 약도 소용 없었습니다. 열은 내리지 않고 나사로는 점차 기운이 빠져 곧 죽을 것만 같았습니다.

"마리아 언니, 나사로 오빠가 정말 위험해요. 우리 예수님께 알려서 오빠를 살려 달라고 해요, 네?"

"마르다, 그건 너무 위험하다. 안 그래도 유대인 지도자들이나 바리새인들이 예수님을 잡으려고 야단이잖니. 그래서 예수님도 그들 눈에 띄지 않으려고 조심해서 다니시는데 우리가 예수님을 모셔 오면 금세 그들이 알 텐데…….”
"그렇지만 언니, 더 시간을 끌다가는 오빠가 위험하다구요. 오빠를 잃기라도 한다면…….”
마르다는 끝내 울음을 터뜨렸습니다.
"그래, 마르다. 울지 말아. 예수님께 사람을 보내 나사로의 상태를 알려 드리자. 그분은 어떻게 해야 할지 잘 아실 테니까.”
마리아는 동네 청년에게 예수가 머물고 있는 곳을 알려 주며 나사로의 상태를 전해 달라고 부탁했습니다. 청년은 바삐 예수가 있는 곳을 찾아갔습니다.
"예수님, 베다니의 마리아가 보내서 왔습니다. 나사로가 병이 들어 다 죽어 가고 있습니다.”
"그래, 나사로가 많이 아픈 게로구나. 그러나 죽을 병은 아니오.”
예수는 이렇게 말하고 그곳에서 이틀 더 머물렀습니다. 일을 마치자 예수는 제자들에게 말했습니다.
"다시 유대로 가야겠소.”
제자들은 깜짝 놀라며 말했습니다.
"선생님, 무슨 말씀이십니까? 유대 땅에 들어가시면 위험합니다. 유대인들이 우리를 돌로 쳐죽이려 할 것입니다.”
"아니, 아직은 아니오. 빛이 있는 동안은 어둠이 어쩌지 못하오."
 제자들은 속으로 투덜댔습니다.
 '아무리 나사로를 사랑하셔도 그렇지, 죽을지도 모르는데 베다니까지 가시겠다니.'
 '병이 좀 난 거 갖고 예수님을 그 위험한 곳까지 오라고 하다니. 그들은 선생님께 사랑받는다고 너무 철 없이 구는 게 아닌가!'
 '나사로 때문에 선생님과 우리가 죽을 수는 없잖아?'
 '선생님은 나사로를 왜 저리 사랑하시는 걸까?'
 제자들의 생각은 한결같았습니다. 그들은 예수가 나사로를 특별히 사랑하는 것에 질투를 느끼고 있었습니다.
 "우리 친구인 나사로가 잠들었소. 그러나 내가 나사로를 깨우러 갈 것이오."
 예수는 갑자기 어두운 표정을 지으며 말했습니다.
 "선생님, 나사로가 잠들었다면 곧 깨어날 텐데요. 굳이 선생님께서 그를 깨우러 가셔야 합니까?"
 제자들은 여전히 시큰둥하게 물었습니다.
 "어찌하여 그러고 있는가? 내가 잠들었다 함은 죽었다는 뜻이오. 우리 친구인 나사로가 죽었단 말이오."
 "네? 나사로가 죽다니요? 왜 그가 갑자기……?"
 제자들은 그제야 속 좁게 질투한 것을 뉘우쳤습니다.
 "나사로는 죽었소. 여러분을 위해서는 내가 그 자리에 없었다는 사실이 오히려 잘 된 일이오. 이는 여러분이 더 이상 나를 의심 없이 믿을 수 있는 길을 열어 줄 것이오. 자, 모두 나사로에게 갑시다."

제자들은 예수의 말이 무슨 뜻인지 모른 채 고개만 떨구고 있었습니다. 그때 도마가 나서서 말했습니다.

"자, 우리가 죽을지라도 선생님을 따라가야 하지 않겠는가? 우리도 죽을 각오로 함께 가자!"

베다니까지는 하룻길이 넘었습니다. 바쁜 걸음으로 베다니 마을 어귀에 다다랐을 때였습니다. 예수가 온다는 소문을 들은 마르다가 마중나와 있었습니다.

"선생님, 선생님께서 여기 계셨더라면……."

마르다는 차마 말을 잇지 못하고 울음을 터뜨렸습니다. 나사로는 이미 나흘 전에 숨을 거두었던 것입니다.

"우리 오라버니는 예수님이 계셨더라면 죽지 않았을 텐데……. 하지만 지금이라도, 지금이라도 당신께서 구하시는 것은 무엇이라도 하나님께서 주실 것을 믿습니다."

예수는 고개를 끄덕이며 나지막이 말했습니다.

"마르다, 네 오라비는 다시 살아날 것이다."

마르다는 고개를 끄덕이며 말했습니다.

"네, 선생님. 성서에 나온 것처럼 마지막 부활 때 우리 오라버니도 다시 살아날 것을 믿습니다."

마르다는 예수의 이야기를 잘못 알아들은 것입니다. 성서에는 죽음이 끝이 아니고 마지막에 모든 사람이 다시 살아 천국에서 함께 살게 된다고 쓰여 있었습니다. 마르다는 예수가 그 이야기를 하는 줄 알고 고개를 끄덕이며 대답했던 것입니다.

그러나 예수의 말은 좀 달랐습니다.

"나는 부활이요, 생명이다. 나를 믿는 사람은 죽어도 살 것이다. 누구든지 살아서 나를 믿는 사람은 영원히 죽지 않을 것이다. 마르다야, 이것을 믿느냐?"

"네, 네, 예수님. 저는 당신이 그리스도이심을 믿습니다. 당신이 하나님의 아들이심을 또한 믿습니다."

"그래, 그러면 가서 마리아를 데려오라."

마르다는 재빨리 집으로 돌아가 마리아를 불렀습니다.

"마리아 언니, 선생님께서 부르세요."

마리아는 마르다를 따라 마을 어귀로 갔습니다.

"저런, 저 자매가 또 울려고 무덤으로 가나 봐요. 우리도 함께 가서 위로해 줍시다."

예루살렘에서 온 유대인들도 마리아와 마르다를 위로하려고 함께 눈물을 흘리며 뒤따랐습니다.

마리아가 예수에게 달려가 앞에 엎드려 서럽게 흐느껴 울었습니다.

"예수님, 당신이 계셨더라면 우리 오라버니는 죽지 않았을 거예요."

예수는 마리아가 서럽게 우는 것을 보니 마음이 아팠습니다.

"나사로를 어디 두었느냐?"

예수는 나사로가 있는 무덤까지 갔습니다. 사람들은 영문도 모른 채 울면서 예수의 뒤를 따라갔습니다.

"여기입니다. 보십시오. 오라버니는 선생님을 무척이나 애타게 찾았습니다."

예수의 뺨을 타고 굵은 눈물이 흘러내렸습니다. 이를 본 유대인들은 조용히 속삭였습니다.

"저 라비께서 나사로를 무척 사랑하셨나 봐요. 저렇게 슬피 우시다니……."

"글쎄 말이오. 저분은 문둥병자도 고치셨다던데…… 나사로를 죽지 않게 할 능력은 없었던 모양이오."

예수는 깊은 한숨을 몰아쉰 뒤 눈물을 삼키고 무덤으로 다가갔습니다. 이스라엘 무덤은 동굴 안에 있었습니다. 동굴 안에 시체를 고운 천으로 감싸서 눕히고 동굴 앞은 커다란 돌로 막아 두는 것입니다. 나사로의 시체도 마을 밖 동굴 안에 있었습니다.

"저 돌을 옮기라."

예수는 사람들에게 소리쳤습니다.

"선생님, 죽은 지 4일이나 돼서 냄새가 날 텐데요."
마르다가 예수를 말리려는 듯 말했습니다.

"마르다, 내가 한 말을 잊었는가? 나를 믿기만 하면 하나님의 영광을 보게 될 거라고 하지 않았나?"

마르다는 예수가 어쩌려는 것인지 알 수 없었지만 더

이상 아무 말도 할 수 없었습니다. 청년 몇 명이 힘을 모아 동굴 앞에 놓인 돌을 치웠습니다. 예수는 무덤이 바로 보이는 곳에 서서 하늘을 향해 두 팔을 벌리고 기도했습니다.

"아버지, 언제나 제 기도를 들어 주신 것을 감사드립니다. 저는 아버지께서 늘 제 기도를 들어 주심을 압니다. 그러나 여기 모인 사람들도 저를 아버지께서 보내셨음을 믿게 하려고 이 말씀을 드립니다."

예수는 기도를 마치자 무덤을 향해 큰 소리로 외쳤습니다.

"나사로야, 일어나 나오라!"

예수의 한 마디가 하늘을 울리고 나자 주위는 죽은 듯이 고요해졌습니다. 모인 사람들 모두 숨을 죽이고 있었습니다. 잠시 뒤 동굴 입구에서 소리가 들리기 시작했습니다. 지켜 보던 사람들은 한 걸음씩 물러섰습니다. 예수는 입을 꼭 다문 채 무덤만 뚫어져라 바라보았습니다. 이윽고 동굴 안에서 어렴풋하게 어떤 형체가 나타났습니다. 마리아도 마르다도 손으로 입을 막은 채 벌벌 떨고 있었습니다.

"스르륵, 스르륵……."

천이 바닥에 끌리는 소리를 내며 동굴 입구로 걸어나온 것은 나흘 전 무덤에 들어갔던 나사로였습니다. 그때 감아 준 천이 얼굴과 몸을 감싼 채 걸어나오고 있었습니다.

"이럴 수가, 이럴 수가……."

마르다와 마리아는 작은 신음 소리를 냈습니다. 다른 사람들은 두려운 나머지 멀리 뒷걸음쳐서 입을 벌리고 바라보았습니다.

"자, 이제 나사로를 풀어 주어 자유롭게 다니게 하오."
예수가 조용히 말했습니다.

예루살렘의 제사장들은 연이어 비상 회의를 열었습니다. 대제사장인 가야바를 중심으로 열리는 산헤드린 공의회라는 모임에서는 심각한 이야기가 오가고 있었습니다.
"더 이상 예수를 이대로 보고 있을 수만은 없소. 그가 어떤 일을 저지를지 아무도 모르오. 죽은 사람도 살렸다니…… 믿어지지 않지만 많은 사람들은 그를 그대로 믿고 있소. 벌써 많은 사람들이 우리 회당을 떠나 예수에게로 갔소."
"정말 위험한 일이 생길지도 모릅니다. 수많은 사람들이 예수의 기적을 보고 그를 그리스도라고 믿고 있소. 머잖아 우리는 힘을 잃게 될 거요."
제사장들이 흥분해서 말을 주고받는 것을 보고 있던 대제사장 가야바가 마침내 입을 열었습니다.
"여러분은 왜 그리 시끄럽게 떠들기만 하오? 아직도 모르시오? 생각해 보시오. 한 사람이 죽는 것이 민족 전체가 망하는 것보다 훨씬 낫지 않소?"
이 말은 이스라엘을 혼란에 빠뜨리지 않고 자기들의 세

력을 지키려고 예수를 죽이자는 말이었습니다.

　가야바의 말에 단 한 사람, 니고데모가 반대의 뜻을 보였습니다.

　"예수를 무작정 죄인 취급하는 것은 잘못입니다. 대제사장, 우리의 법은 누구에게나 자신을 변호할 기회를 주지 않습니까?"

　가야바는 얼굴이 굳어지며 니고데모에게 말했습니다.

　"니고데모, 당신도 그와 한패가 된 거요? 당신은 민족을 살리는 편이 예수같은 엉터리 선지자 한 명을 살리는 것보다 낫다고 생각하지 않소?"

　니고데모의 의견은 묵살되고 말았습니다. 제사장들은 머리를 맞대고 의논한 끝에 예수를 없앨 적당한 방법을 찾았습니다.

　마침 유대인의 큰 명절인 유월절이 다가오고 있었습니다. 이스라엘 사람들이 예루살렘으로 모여드는 날이었습니다. 사람들은 기대에 차서 유월절을 기다리고 있었습니다. 예수도 분명 예루살렘에 오리라는 생각 때문이었습니다.

　한편 유대인 지도자들은 예수를 붙잡으려고 예수가 있는 곳을 알면 재빨리 신고하라고 명령을 내렸습니다.

10. 마지막 만찬

마리아의 향유

예수가, 죽은 지 나흘이나 된 나사로를 다시 살린 날은 모두 놀라움으로 잠을 이루지 못했습니다. 예수야말로 하나님이 보낸 이스라엘의 왕이라고 다들 믿게 되었습니다. 또한 이제 곧 예수가 로마를 물리치고 새 이스라엘을 세우리라는 기대로 가득 찼습니다. 소문은 하루가 채 지나기도 전에 예루살렘으로 퍼졌습니다. 소문을 들은 많은 사람들이 예수와 나사로를 보려고 베다니로 모여들었습니다. 때마침 유월절이 가까워서 예루살렘으로 가던 사람들도 길목인 베다니로 몰려드는 바람에 더욱 많은 사람이 모이게 되었습니다.

예수가 예루살렘으로 떠나기로 한 전날 저녁이었습니다. 나사로와 마르다, 마리아는 다른 때보다도 정성을 다해 저녁 식사를 준비했습니다. 언제 또 예수를 보게 될지 모르기 때문이었지요.

예수는 저녁 식사를 기다리면서 다른 날보다 무거운 표정으로 제자들에게 이야기하기 시작했습니다.

마리아는 상을 차리려고 방에 들어와 있었습니다. 예수가 여느 때와 달리 표정이 어둡자 마리아는 이상한 예감이 들었습니다.

"이제 곧 나는 여러분 곁을 떠나게 될 것입니다."

예수는 언젠가와 비슷한 이야기를 했습니다. 순간 마리아는 가슴이 철렁했습니다.

'선생님 말씀은 단순히 떠난다는 뜻이 아닌데 …… 설마 ……. '

마리아는 불길한 생각을 지워 버리려 했습니다.

"여러분이 나와 함께 있고 싶어도 그렇게 못 할 때가 올 것이오. 그때 혹시 사람들이 그리스도가 저기 있다고 해도 사람들을 따라 나서지 마시오. 그들이 말하는 그리스도는 모두 가짜이기 때문이오. 그때가 되면 나는 지금과는 다를 것이오. 마치 번개처럼 동시에 이곳저곳에 있는 여러분과 함께할 것이기 때문이오. 아직은 이 말이 무슨 뜻인지 이해하기 힘들겠지만 그때가 되면 알 수 있을 것이오. 그러나 그 전에 나는 이미 정해진 많은 고난을 당하고 사람들에게 버림받게 될 것이오."

예수는 자신의 죽음에 대해 이야기하고 있었습니다. 마리아는 가슴이 미어지는 것 같아 더 이상 그 자리에 있을 수 없었습니다. 없는 일을 말한 적이 단 한 번도 없는 예수임을 알기에 마리아는 지금 예수가 하고 있는 말도 사실로 믿어야 했습니다.

그러나 믿기에는 너무 엄청난 일이었습니다. 아무리 봐도 예수가 죽을 까닭이 없었기 때문입니다. 더구나 많은 사람들이 예수가 새 이스라엘을 세울 거라고 희망에 부풀어 있는 이때에 말입니다.

'아……이를 어쩌지? 예수님께서 떠나시면 난 어쩌나? 난 그분께 사랑을 받기만 했지, 드린 것은 아무 것도 없는데…….'

밖으로 나와 눈물을 흘리던 마리아는 자기가 가진 단 하나의 값진 것을 생각해 냈습니다.

제자들은 예수의 말을 믿을 수 없었습니다. 이제 곧 새 나라를 세워 예수와 함께 다스릴 꿈에 부풀어 있었기 때문입니다.

"선생님, 제발 그런 말씀 하지 마십시오. 얼마나 많은 사람들이 선생님을 그리스도로 믿고 있는데요. 선생님은 새 이스라엘의 왕이 되실 거예요."

제자들이 이렇게 말했지만 예수는 고개를 저었습니다.

그때 마리아가 다시 방으로 들어왔습니다. 손에 옥으로 만든 향유병을 들고 있었습니다. 향유란 향이 있는 기름인데, 이스라엘 사람들은 중요한 일이 있을 때 향유를 발랐습니다. 마리아가 가져온 향유는 금화 몇 십 냥은 족히 돼 보이는 귀한 향유였습니다. 작은 병에 담긴 향유는 아마 마리아가 결혼할 때 쓰려고 마련해 둔 것 같았습니다.
 예수에게 다가온 마리아는 향유 병마개를 열더니 값비싼 향유를 예수의 발에 아낌없이 부었습니다. 제자들은 이 모습을 보고 깜짝 놀랐습니다. 마리아는 여전히 눈물 어린 표정으로 예수의 발에 향유를 바르고 있었습니다. 마치 방 안에는 마리아와 예수 두 사람만 있는 듯했습니다. 마리아는 긴 머리를 풀어 머리털로 예수의 발을 닦았습니다. 방 안이 온통 향긋한 향유 냄새로 가득했습니다. 마리아는 눈물을 흘리며 예수의 발을 닦고 또 예수의 머리에도 기름을 발라 주었습니다.
 예수도 마리아를 바라보기만 할 뿐 아무 말도 하지 않았습니다. 예수의 얼굴은 슬퍼 보였습니다.
 "아니, 이게 무슨 짓이오, 마리아! 그 향유면 300데나리는 받을 텐데 그렇게 함부로 써 버리다니! 차라리 향유를 팔아 가난한 사람들을 도와 주는 게 낫지 않소?"
 돈을 관리하는 유다가 화가 난 듯 외쳤습니다. 그때 1데나리가 하루치 일한 품삯이었으니 300데나리면 오늘날 몇 백만 원은 되는 큰돈이었습니다. 다른 제자들도 유다처럼 마리아가 잘못한 것이라고 생각했습니다.
 그러나 예수의 생각은 달랐습니다.
 "마리아를 나무라지 마시오. 마리아는 나의 마지막을 위해 그런 것이오. 가난한 사람을 돕겠다고 했는데 그들은 언제나 여러분 곁에 있을 것이오. 그러니 마음만 먹으면 언제라도 그들을 도울 수 있을 거요. 그러나 나는 언제까지고 여러분 곁에 있지 않소. 나의 정해진 시간이 다 돼 가기 때문이오."

유다는 얼굴이 새빨개졌습니다. 자신의 생각이 옳다고 믿는데 예수가 마리아를 두둔하니 화가 치밀었습니다.

'내가 틀리고 저 시골 계집아이가 한 일이 잘 한 일이라고? 이건 또 무슨 소리야. 선생님이 곧 우리를 떠나다니! 새로운 이스라엘을 세우겠다던 약속은 어떻게 되는 거야? 대체 무슨 말을 믿어야 하지? 난 무엇을 위해 일해야 하나?'

유다는 머릿속이 어지러웠습니다. 요즘 들어 예수를 도무지 이해할 수 없었습니다. 예수는 자꾸만 자신의 죽음을 이야기했습니다. 그러면 남은 제자들은 어떻게 되는지 불안했습니다. 유다는 다른 제자들은 나중 문제고 이제껏 예수를 믿고 큰 일을 해 보려고 따라다닌 것이 헛된 일이 될까 봐 불안했습니다.

이 날 이후 유다의 생각은 조금씩 달라지기 시작했습니다. 무조건 예수를 믿고 따를 수 없다는 생각이 들었습니다.

'이대로 가만 있다가 뒤통수를 맞을 수는 없어. 그토록 수많은 사람들이 왕으로 모시려고 하는데도 선생님은 도무지 관심이 없는 것 같아. 좋은 말씀도 좋지만 새 나라에 관심이 없다면 곤란해. 나는 이스라엘의 독립을 원

해. 더 이상 선생님 밑에 있어 봤자 별 볼 일 없겠어. 그래, 달리 살 길을 찾아야지!'

이처럼 유다의 마음은 예수에게서 돌아서기 시작했습니다.

예루살렘으로 들어간 예수

드디어 예수와 제자들이 예루살렘에 들어가기로 한 날이 되었습니다. 예수는 이 날 새벽에도 어김없이 기도를 하려고 근처 감람산으로 갔습니다. 예수는 산에 가기 전에 제자들에게 나귀를 한 마리 구해 오라고 일렀습니다. 예루살렘에 타고 들어가기 위해서였습니다. 제자들은 나귀를 타고 가는 게 처음 있는 일이라 이상하게 생각했습니다.

나귀를 탄 예수가 예루살렘으로 가는 길목에 나타났습니다. 어떻게 소식을 들었는지 길가에는 수많은 사람들이 예수를 보려고 나와 있었습니다. 사람들은 웃고 뛰며 예수를 향해 종려나무 가지를 흔들어 댔습니다.

"호산나, 구원하소서! 이스라엘의 왕이여! 찬양을 드립니다. 호산나, 구원하소서!"

'호산나'는 '구원하소서.'라는 뜻으로 예수를 높여 부르는 말이었습니다.

"우리를 구원하실 왕 만세! 우리를 속히 로마에서 구하소서, 우리의 메시아여!"

사람들은 약속이나 한 듯이 예수를 왕이라고 불렀습니

다. 죽은 사람도 살리는 기적을 보인 예수는 분명 하나님이 보낸 사람임에 틀림없다고 믿었습니다. 사람들이 외치는 소리가 하도 커서 제자들은 이제 정말 예수가 이스라엘의 왕으로 추대받겠구나 싶어 좋아했습니다.

"저 기뻐하는 사람들 좀 보라구. 세상이 온통 예수님을 환영하는 소리로 가득하군. 드디어 우리는 새 나라를 세우는 거야!"

제자들은 기쁨에 들떠 가슴이 뛰었습니다.

아버지의 집을 더럽히지 말라

예수는 사람들의 환영을 받으며 예루살렘으로 들어갔습니다. 제자들도 덩달아 의기양양했습니다. 예수는 곧장 예루살렘 성전으로 갔습니다. 예수를 뒤따르는 사람들도 기대에 차서 성전으로 갔습니다. 오늘은 예수가 또 어떤 기적을 보여 주고 어떤 이야기를 들려 줄까, 하는 기대 때문이었습니다.

그런데 성전에 다다른 예수는 자신을 따르는 사람들은 돌아보지 않고 넓은 문을 지나 이방인의 뜰이라 부르는 곳으로 들어갔습니다. 이방인의 뜰을 지나 또 하나의 문을 지나가면 하나님 앞에 제물을 바칠 성소가 나옵니다. 성소는 유대인만 들어갈 수 있는 곳입니다. 그래서 이방인의 뜰에는 온갖 장사꾼들이 모여 있었습니다. 외국에서 온 사람들을 위해 돈을 바꿔 주는 환전상이 있었고, 재물로 바치는 새나 양과 소를 파는 장사꾼들도 가득했습니다. 성전 뜰은 마치 시장 골목 같았습니다.

"자, 비둘기 사실 분 이리 오세요. 한 번에 여러 마리를 사시면 더 싸게 드립니다."

"양이나 소를 사실 분은 여기로 오세요. 통통하고 흠 없는 어린 양이 많이 있습니다. 마음에 드는 놈으로 골라 가십시오. 값도 잘 해 드립니다."

"돈 바꾸세요. 금이나 은이나 후하게 쳐 드립니다. 네, 어서 오세요."

예수는 굳은 얼굴로 장사꾼들을 바라보았습니다. 그리곤 고개를 돌려 문을 통해 보이는 성소를 쳐다보았습니다. 예수는 마음이 무거웠습니다. 이곳은 분명 하나님의 거룩한 성전 땅이었습니다. 그런데 넓은 성전 뜰이 온통 돈을 주고받는 장사꾼들로 가득 차 버린 것입니다.

예수는 별안간 옆에 있는 기다란 채찍을 집어 들었습니다. 그리곤 돈을 바꿔 주는 장사꾼의 수레를 쳐서 넘어뜨렸습니다. 환전 상인뿐만 아니라 곁에서 돈을 바꾸던 사람들도 모두 깜짝 놀라 예수를 쳐다보았습니다. 제자들도 갑작스런 예수의 행동에 입만 벌리고 있었습니다. 예수를 따라온 많은 사람들도 예수의 무서운 얼굴을 보며 움찔했습니다. 대제사장의 명령으로 예수를 감시하던 병사도 어이가 없는 얼굴로 서 있었습니다. 몇 명의 바리새인들도 가던 길을 멈추고 예수를 쳐다보았습니다.

예수의 채찍질은 계속되었습니다. 새를 파는 장사꾼의 수레도 쓰러졌습니다. 새장이 부서지고 새들이 날아갔습니다. 양과 소들이 채찍질에 놀라 마구 뛰어다니는 바람에 순식간에 넓은 뜰은 엉망진창이 되었습니다.

장사꾼 몇 명은 갑자기 나타난 덩치 큰 남자의 행패를 막으려고 악을 쓰며 달려들었습니다. 또 몇 명의 장사꾼은 돈을 줍거나 새를 잡고 양과 소를 진정시키느라 이리저리 뛰어다니기도 했습니다.

사람들이 덤벼들려 하자 예수는 채찍 든 손을 높이 들었습니다. 장사꾼들은 예수가 채찍으로 때리려는 줄 알고 눈을 감고 바닥에 납작 엎드렸습니다.

"아버지의 거룩한 성전을 시장으로 만들지 말라. 이곳은 하나님 아버지께 예배를 드리는 곳이다. 너희가 어찌 이 귀한 곳을 더럽히는가! 당장 짐을 가지고 성전을 나가라!"

장사꾼들을 나무라는 목소리가 어찌나 컸던지 성전을 휘돌아 하늘에까지 울려 퍼졌습니다. 모두들 예수를 말리지 못했습니다. 장사꾼들은 예수가 채찍을 또 휘두를까 봐 서둘러 짐을 챙겨 성전을 빠져 나갔습니다.

예수가 채찍을 내려놓고 한숨을 몰아쉬자 사람들이 다시 예수에게 모여들었습니다. 하나 둘 궁금증을 참지 못하고 예수에게 질문을 퍼부었습니다.

특히 예수를 궁지에 빠뜨리고 싶은 바리새인과 유대 율

법학자들은 이때다 싶어 예수를 공격했습니다.

"라비 예수, 당신은 도대체 무슨 권한으로 이런 일을 하시오. 저들은 제사장들이 인정한 합법적인 장사꾼들이었소."

"합법적이라고? 무슨 법에 맞는다는 말인가? 참으로 당신들은 회칠한 무덤과도 같군. 겉으로는 깨끗한 척하나 속은 시체가 썩는 냄새로 가득한 무덤 말이오. 나야말로 한 가지 묻겠소. 요한이 세례를 준 것은 무슨 권세로 된 것이오? 하늘로부터 온 권세였소, 아니면 사람에게서 받은 권세였소?"

바리새인은 갑자기 할 말을 잃었습니다. 죽은 세례 요한은 이미 사람들에게 하늘에서 온 사람으로 기억되고 있었고 그 믿음이 강하게 퍼져 있었습니다. 그런데 지금 요한의 세례가 사람의 것이라고 한다면 여기 모인 사람들이 그를 가만 두지 않을 것이기 때문입니다.

"나는 대답하지 않겠소. 무지한 많은 사람들은 요한이 하늘로부터 세례를 준다고 믿고 있지만……."

바리새인은 말끝을 흐렸습니다.

"당신이 대답하지 않으니 나도 대답할 까닭이 없소."

예수는 딱 잘라 이야기했습니다.

"예루살렘이여, 들으시오. 하나님께서 이스라엘로 보낸 선지자며 예언자들의 말을 들은 적이 있소? 당신들은 오히려 그들을 무참히 죽여 왔소. 그러니 하나님의 축복이 내릴 수가 없는 것이오. 축복은 받을 자격이 있는 사람에게만 내려질 것이오."

예수의 설명을 들은 사람들은 잠잠해졌습니다. 조상들의 잘못을 잘 알기 때문입니다. 조상들은 하나님의 말을 전하는 선지자들을 괴롭히거나 심지어 죽이기까지 했던 것입니다.

그러나 바리새인들은 생각이 달랐습니다. 예수가 하는 말은 어디까지나 지도자들을 빗대어 저주하는 것이라고 생각했습니다. 예수가 왕 자리를 차지하려고 일부러 그런다고 생각했습니다. 바리새인들은 어떻게든 예수를 막아야겠다고 마음먹었습니다.

"당장이라도 저 자를 잡아들여야 하는데……."

고급 옷을 입은 바리새인이 주먹을 쥐며 조심스레 말했습니다. 그러자 다른 바리새인도 이를 갈면서 맞장구쳤습니다.

"그렇잖아도 대제사장을 비롯한 지도자들이 예수를 죽이기로 한 모양이오. 저 자를 내버려 두었다가는 반란이 일어날지도 모르니 말이오. 저들을 좀 보시오. 무식한 사람들은 예수를 마치 왕이라도 되는 것처럼 떠받들고 있으니……."

"글쎄, 저 사람들 때문에 쉽게 예수를 잡아들일 수 없는 것 아니겠소? 분명 예수를 풀어 달라고 난리를 칠 테니……."

"그래서 적당한 구실을 찾고 있는 모양이오. 은밀한 곳에서 저 자를 잡아들이려고 말이오."

바리새인들은 누가 듣는지도 모르고 이야기를 계속했습니다. 그런데 이들이 하는 이야기를 모두 들은 사람이 있었습니다. 바로 열 두 제자 가운데 한 사람인 가룟 출신의 유다였습니다.

유다는 자기가 들은 이야기를 아무에게도 말하지 않고 혼자 며칠 동안 생각하다가 생각을 바꾸기로 마음먹었습니다. 유다의 마음은 이미 예수에게서 멀어지고 있었던 것입니다.

마침내 유다는 이 날 유대인 대제사장인 가야바를 몰래 만났습니다.

마지막 만찬

이틀이 지나면 유월절입니다. 예수와 제자들은 시몬의 집 다락방에 모였습니다. 시몬의 집은 예루살렘에서 가난한 사람들이 모여 사는 동네에 있었습니다. 이들은 유대인 지도자들의 추적을 받고 있었기 때문에 자유롭게 나다니기 어려웠습니다. 모두들 따로따로 움직였습니다. 몇 명은 지름길로 찾아왔고 또 다른 몇 명은 일부러 먼길로 돌아왔습니다.

예수는 이 날 새벽 기도하러 감람산으로 가면서 제자들에게 어디서 모일지 일러 주었습니다. 제자들이 일찍 모여 저녁상을 차렸습니다. 알 수 없는 쓸쓸함이 몰려오기도 했지만 그런 느낌들을 애써 지우면서 정성스레 상을 차렸습니다. 허름한 다락방이었지만 상을 깨끗하게 치우고 만찬에 필요한 음식들을 빼놓지 않고 차렸습니다.

유월절 명절의 특징은 누룩을 넣지 않고 만든 빵을 먹는 것이었습니다. 누룩은 빵을 부풀게 할 때 넣는 것입니다. 이 풍습은 오래 전 그들의 조상이 하나님의 명령에 따라 누룩을 넣지 않은 빵을 준비해 노예살이하던 이집트를 탈출했던 데서 비롯된 것이었습니다.

이 밖에 어린 양고기, 쓴 나물, 붉은색이 도는 소스와 포도주가 차려졌습니다. 방 한 켠에는 예수가 미리 부탁해 둔 양동이와 물, 그리고 자그마한 세수통이 놓여 있었습니다. 커다란 수건도 준비했습니다.

저녁 식사 시간이 다 되어 예수가 다락방으로 찾아왔습니다. 유다를 뺀 모든 제자들이 가라앉은 기분으로 묵묵히 앉아 있었습니다.

"모두들 잘 찾아왔군요."

예수가 웃으며 말했습니다.

"선생님, 아직 유다가 오지 않았습니다."

요한의 말을 듣는 순간 예수의 낯빛이 어두워졌습니다. 얼마 지나지 않아 유다가 왔습니다. 무슨 일이 있었는지 잔뜩 흥분된 표정을 애써 감추며 예수 옆 빈 자리에 앉았습니다.

"식사하기 전에 먼저 할 일이 있소."
예수는 자리에서 일어서더니 양동이에 있는 물을 세수통에 붓고 요한 앞으로 갔습니다.
"먼길을 오느라 더러워진 여러분의 발을 씻어 주겠소."
예수는 요한의 발을 당겨 물 속에 담갔습니다. 그러자 요한은 얼굴이 빨개지며 발을 뺐습니다.
"선생님, 무슨 일이십니까? 더러운 제 발을 씻어 주시다니요?"
요한이 발을 빼자 예수는 굳은 얼굴로 말했습니다.

"내가 왜 이러는지 곧 알게 될 것이오. 그러니 내가 하는 일을 막지 마시오."

요한은 어쩔 수 없이 예수에게 발을 맡겼습니다. 예수는 차례차례 제자들의 발을 정성스레 씻어 주었습니다. 베드로의 차례가 되자 그는 펄쩍 뛰며 뒤로 물러섰습니다.

"선생님, 차마 제 발을 씻으시게 할 수가 없습니다."

예수는 호통을 쳤습니다.

"그러면 당신과 나는 아무 관계도 없는 사람이 되오. 그래야겠소?"

그러자 베드로는 고개를 저으며 말했습니다.

"아닙니다, 선생님. 그러시다면 제 발뿐 아니라 몸도 씻어 주십시오."

베드로의 말에 예수는 웃었습니다.

"아니오, 몸은 이미 깨끗하오. 내가 이렇게 발을 씻는 것은 날마다 더러움을 씻어 버리라는 뜻이오."

예수는 말을 계속했습니다.

"여러분은 나를 선생이라고 높여 부르지만 사실 나는 여러분을 섬기러 온 사람이오. 내가 여러분의 발을 씻어 주며 섬긴 것을 잊지 마시오. 그리고 여러분도 다른 사람들을 섬길 수 있도록 하시오."

이윽고 마지막으로 가롯 유다 차례가 되었습니다.

"친구여, 발을 이리 담그시오."

유다는 한참 머뭇거렸습니다. 예수는 웬일인지 유다를

슬픈 눈으로 바라보았습니다.

"자, 당신의 발을 씻어 주겠소."

유다는 어쩔 수 없이 예수에게 발을 맡겼습니다. 예수는 유다의 발을 정성스레 닦아 주고 자리에서 일어났습니다.

"자, 모두 배고플 텐데 유월절 만찬을 시작합시다."

예수는 빵을 들고 하나님에게 감사 기도를 드렸습니다. 이어 포도주를 들고 기도했습니다.

"여러분, 나는 이 만찬을 참으로 기다려 왔습니다. 여러분도 이 만찬으로 나를 기억하기 바랍니다. 자, 이 빵은 내 살이오. 이는 여러분을 위해 내주는 내 몸과 같다는 뜻입니다. 또한 이 포도주는 내 피요. 여러분을 위해 흘린 내 피임을 잊지 말고 기억하시오. 이처럼 내 살을 먹고 내 피를 마시는 사람은 내 마음 안에 살게 될 것이오. 나도 그 사람 마음 안에 살게 될 것이오. 이제 오늘 이후로 나는 다시는 포도주를 마시지 않을 거요. 내가 다시 오는 그 날까지……."

예수는 잠시 말을 잇지 못했습니다. 그 표정은 무척이나 괴로워 보였습니다. 무슨 생각 때문인지 예수의 표정은 점점 더 슬프게 변해 갔습니다.

"앞으로 나를 기념해 이 빵과 포도주를 먹는 사람은 결코 목마르거나 배고프지 않을 것이오."

예수는 제자들을 찬찬히 바라보았습니다. 예수의 얼굴은 다시금 평온을 되찾은 듯했습니다. 제자들은 불안했지만 차마 그 까닭을 예수에게 묻지 못했습니다.

"자, 여러분에게 새 계명을 주겠소. 반드시 지켜야 하는 중요한 계명이오."

예수는 잠시 말을 멈추고 제자들을 쭉 둘러보더니 다시 말을 이었습니다.

"진실로 이르노니, 서로 사랑하시오. 내가 여러분을 죽기까지 사랑한 것처럼 서로 사랑하시오. 친구를 위해 목숨을 바치는 것보다 더 큰 사랑은 없소. 이것이 새 계명이니 반드시 지키도록 하시오!"

예수는 제자들에게 풍습대로 포도주를 따라 주었습니다. 모두들 빵을 먹고 포도주를 마셨습니다. 알 수 없는 불안감 속에서 식사를 마칠 무렵이었습니다.

"그러나…… 여러분 가운데 하나가 오늘 밤 나를 팔아넘길 것이오."

마른 하늘에 날벼락 내리치는 듯한 말이었습니다. 제자들은 소스라치게 놀라며 예수를 바라보았습니다.

"선생님, 오늘은 참으로 슬픈 말씀만 하십니다. 그러나 방금 하신 말씀은 정말 너무하십니다. 어떻게 저희가 선생님을 팔아넘기겠습니까?"

베드로가 펄쩍 뛰며 말했습니다.

"선생님, 다른 이들이 선생님을 배반한다 해도 저는 선생님을 끝까지 지킬 것입니다."

예수는 베드로를 바라보며 조용히 말했습니다.

"그러나 새벽 닭이 울기 전까지 당신은 사람들 앞에서 나를 세 번 모른다고 할 것이오."
예수의 말을 들은 베드로는 더욱 놀랐습니다.
"무슨 말씀이십니까? 저는 결코 선생님을 모른다고 하지 않을 것입니다."
예수는 물끄러미 제자들을 바라보았습니다.
"선생님, 정말 당신을 파는 자가 있다면 그가 누구인지 가르쳐 주십시오."
요한은 궁금함을 참지 못하는 성격이라 예수의 귀에 대고 살짝 물었습니다. 요한은 마침 예수 옆자리에 비스듬히 누워 식사하고 있었기 때문에 몰래 물어 볼 수 있었습니다. 예수도 다른 제자들이 듣지 못하게 작은 소리로 대답했습니다.
"이제 나와 함께 그릇에 손을 넣는 사람이오."
요한은 바짝 긴장하고 쳐다보았습니다. 예수가 그릇에 손을 넣자 뒤이어 가롯 유다가 손을 넣었습니다. 유다는 무심코 한 행동이었지만 요한은 너무 놀라 말을 못 하고 예수만 바라보았습니다. 예수는 유다에게 한 마디 했습니다.
"친구여, 당신이 할 일을 속히 하시오!"
유다는 예수가 무슨 말을 하는지 몰랐습니다. 자기가 대제사장을 만나 예수를 넘겨 주기로 약속한 것을 아무도 모르리라 생각했습니다. 유다의 주머니에는 가야바에게 받은 은화 30데나리가 있었습니다.

예수는 제자들에게 앞으로 일어날 일을 말해 주었습니다.

"여러분은 조금 있으면 나를 볼 수 없게 될 거요. 그러나 다시 며칠 뒤면 나를 볼 수 있을 것이오. 내가 아버지께 갈 것이기 때문이오."

"선생님, 무슨 말씀인지 잘 모르겠습니다."

요한이 물었습니다.

"여러분은 이제 슬피 울게 될 것이오. 세상은 그것을 기뻐할 것이오. 여러분은 괴로움에 빠지겠지만 그 괴로움은 곧 기쁨이 될 것이오. 이는 마치 아이 낳을 때가 다 된 여자와 같소. 아이를 낳을 때의 고통으로 걱정하던 여자도 아이를 낳고 나면 새 생명이 태어난 기쁨 때문에 모든 고통을 잊게 되오. 그러므로 고통 속에 빠져 있던 여러분이 나를 다시 보게 되면 그 고통은 기쁨이 될 것이오. 자, 이제 곧 여러분은 제 갈 곳으로 흩어지고 나만 혼자 남게 될 것이오. 그러나 나는 혼자 있는 게 아니라 아버지와 함께 있소. 내가 이 모든 것을 말함은 여러분이 내 안에서 평안할 수 있도록 하기 위함이오. 세상에서 여러분이 괴로움을 당해도 실망하지 말고 이겨 내서 도리어 강해지기 바라오."

예수와 제자들은 유월절 만찬을 끝내며 풍습대로 〈대할렐〉이라는 찬미의 노래를 불렀습니다.

　　　　하나님께서 나를 지키시니 내게 두려움이 없도다
　　　　원수들이 나를 에워싸도 내게 해를 입히지 못하리
　　　　죽음은 영영토록 나를 이기지 못하리라
　　　　하나님께서 나를 지켜 주시므로
　　　　나를 위해 의의 문을 열어 주시니
　　　　그 문으로 내가 들어가 하나님께 감사의 찬송을 드리리라.

　예수는 〈대할렐〉 노래를 좋아했습니다. 마음이 괴로운 듯 예수의 얼굴이 어두웠지만 제자들은 눈치채지 못하고 노래에만 몰두했습니다.
　유월절 만찬을 마치니 날이 어두워졌습니다. 예수는 제자들과 함께 다락방을 나섰습니다.
　"이제 겟세마네 동산으로 가서 기도를 드릴 것이오."
　제자들은 예수의 뒤를 말없이 따랐습니다. 유다만 슬며시 빠져 나와 어스름 속으로 사라졌습니다. 다들 생각에 잠겨서 유다가 사라지는 것을 눈치채지 못했습니다.

11. 고난의 나날들

잡혀 가는 예수

겟세마네 동산은 예수와 제자들이 자주 기도하러 가던 곳이었습니다. 사람들 발길이 뜸해서 기도하기 좋았기 때문입니다.

동산에 다다르자 제자들은 갑자기 잠이 쏟아졌습니다. 그래서 다들 언덕 아래에서 주저앉고 말았습니다. 예수는 제자들에게 이곳에서 쉬라고 한 뒤 베드로와 요한, 야고보와 함께 올라갔습니다.

"마음이 너무 괴로워서 숨이 막힐 것 같소. 오늘은 혼자 기도하기 어려우니 날 위해 여기서 자지 말고 기다려 주시오."

예수는 세 제자에게 깨어 있으라고 당부한 뒤 조금 떨어진 곳으로 올라가 기도하기 시작했습니다.

"하나님 아버지, 아버지께선 뜻하시는 일을 다 하실 수 있음을 제가 아오니 …… 부디 이 괴로운 일을 겪지 않

게 해 주십시오. 그러나 아버지, 제 뜻대로는 마시고 오직 아버지의 뜻대로 하소서! 저는 오직 당신 뜻만을 따르겠습니다."

예수는 앞으로 당할 일들을 알고 있는 듯했습니다. 하지만 그토록 크나큰 고통을 피하고 싶었습니다. 그래서 하나님에게 고통스러운 일을 피하게 해 달라고 기도했습니다.

그러나 기도가 끝날 무렵 예수는 모든 것을 조용히 받아들이기로 했습니다. 그것만이 하나님이 원하는 일이며 세상을 바꿀 수 있는 힘임을 알게 되었기 때문입니다.

예수가 기도를 하다가 잠시 제자들을 보러 가니 세 제자는 세상 모르게 잠들어 있었습니다.

"어서 깨어나시오. 어쩌면 단 한 시간도 나를 위해 깨어 있지 못한단 말이오? 잠에서 깨어나 정신차리고 기도하시오."

세 제자는 잠에 취해 정신을 차리지 못했습니다.

제자들에게 실망한 예수는 힘없이 다시 기도하러 갔습니다. 자신은 죽도록 괴로운데 제자들은 잠시도 자기를 위해 깨어 있지 못하니 더욱 외로워졌습니다.

예수는 다시 마음을 가라앉히고 기도드렸습니다. 조금 전처럼 슬픔이 복받치지는 않았습니다.

"아버지, 당신이 뜻하신 일이 이루어지게 하십시오. 제가 따르겠습니다."

예수는 오랜 기도 끝에 마음이 편안해져서 제자들에게

돌아갔습니다. 세 제자는 여전히 잠에 빠져 있었습니다.

"아직도 자고 있는가? 이미 때가 다 되었는데 ……. 이제 나는 사람들 손에 넘어갈 것이오. 저기, 나를 팔아넘길 자가 가까이 오고 있소."

예수가 큰 소리로 외치니 세 제자가 놀란 얼굴로 잠에서 깨어났습니다.

예수와 세 제자가 언덕 아래로 내려가니 낯선 사람들이 제자들을 둘러싸고 있었습니다. 대부분 로마 병사들이었습니다. 병사들 사이로 바리새인도 보였습니다. 어디론가 사라졌던 유다도 보였습니다. 유다는 예수를 보자 어색하게 웃으며 다가왔습니다. 그리고 예수의 뺨에 입을 맞추었습니다. 이는 유다가 입을 맞추는 사람이 예수이니 잡아가라는 표시였습니다. 병사들과 한 배신의 약속이지요.

"친구여, 어서 할 일을 하시오. 이 입맞춤으로 나를 팔아넘기는 거요?"

예수는 유다를 보며 슬픈 얼굴로 말했습니다. 유다가 뒤로 물러서자 병사들이 몰려들었습니다. 병사들이 밧줄로 예수를 묶을 참이었습니다. 당황한 베드로가 차고 있던 칼을 뽑아 병사 대장에게 휘둘렀습니다. 베드로가 휘두른 칼에 대장의 귀가 잘려 나가고 말았습니다.

예수는 베드로에게 호통을 쳤습니다.

"칼로 다스리려는 사람은 반드시 칼로 망한다. 어서 칼을 칼집에 도로 꽂으라."

예수는 대장의 잘린 귀를 만져 주었습니다. 그러자 놀랍게도 잘렸던 귀가 피 흘린 흔적도 없이 도로 붙었습니다. 대장은 놀라서 어리둥절했습니다.

"누구를 찾아왔는가?"

예수가 대장에게 물었습니다.

"나사렛 출신의 예수를 찾습니다."

대장은 어안이 벙벙해져서 자기 귀를 만지며 대답했습니다.

"내가 바로 그 사람이니라!"

예수의 대답에 병사들은 모두 움찔했습니다. 말로만 듣던 라비 예수였습니다. 온갖 능력을 가졌고 심지어 죽은 사람도 살렸다는 소문도 들었습니다. 예수를 직접 보고 말을 듣는 순간 병사들은 몸이 돌처럼 굳어진 것 같았습니다. 명령에 따르자니 예수를 줄로 묶어 제사장 앞으로 끌고 가야 했습니다. 그러나 어느 병사도 선뜻 나서서 예수의 몸에 손을 댈 수가 없었습니다.

"내가 바로 너희가 잡아 가려는 예수다. 그러니 상관없는 이 사람들은 자유롭게 가게 하라!"

예수는 제자들을 잡아 가지 못하게 했습니다. 병사들도 예수의 제자들에게는 별 관심이 없었습니다.

"너희는 강도라도 잡으러 온 것인가? 어찌 칼과 몽둥이를 들고 왔는가. 내가 날마다 성전에서 너희들을 가르칠 때는 나를 잡지 않았었다. 그러나 이제 너희의 때가 되었으니 어둠이 힘을 얻는구나. 자, 내가 너희들 뒤를 따라갈 테니 밧줄로 묶을 필요는 없다. 이대로 가자."
예수는 순순히 병사들을 따랐습니다. 제자들은 잡혀 가는 예수를 보며 뿔뿔이 흩어져 도망쳤습니다.

예수를 모른 체한 베드로
예수가 붙들려 간 곳은 대제사장 가야바와 그의 장인 안나스가 사는 궁전이었습니다. 그곳에는 이미 유대인 종교 지도자들과 서기관들이 모여 있었습니다. 그들은 예수의 재판을 서두르고 있었습니다.
"시간을 끌수록 우리가 불리하오. 내일 모레면 안식일이 되기 때문에 아무 것도 못 하게 되오. 내일 아침 예수를 빌라도에게 데려가 형을 받게 해야 하오. 그러니 우리는 오늘 밤 안에 심문을 마쳐야지!"
교활한 안나스가 말했습니다. 그들이 재판을 서두르는 까닭은 간단했습니다. 안식일에는 유대인들이 아무 일도 할 수 없도록 법으로 정해 놨기 때문에 빨리 일을 끝내려고 서둘렀던 것입니다.
안나스의 사위인 대제사장 가야바가 예수를 직접 심문했습니다.
예수가 심문받을 동안 바깥 뜰에는 두 명의 제자가 예수를 쳐다보고 있었습니다. 예수와 좀더 가까운 곳에는 요한이 몸을 숨기고 있었습니다. 한밤중이라 기온이 뚝 떨어져서 뜰 한가운데 불을 피워 둔 곳 가까이에는 베드로가 서성 대고 있었습니다. 뜰에서는 예수를 잡아들인 병사들이 불을 쬐고 있었습니다. 하녀가 병사들에게 먹을 것을 갖다 주고 있었습니다. 병사들은 예수를 잡을 때 이야기를 하느라 정신이 없었습니다.

그때 하녀가 베드로를 보았습니다.

"날도 추운데 이쪽으로 와서 불 좀 쬐세요."

베드로는 눈치를 보며 주춤거렸습니다.

"저 혹시 아저씨는 라비 예수의 제자가 아닌가요?"

하녀는 베드로를 알아보았습니다. 예루살렘 성전에서 예수 곁에 있는 베드로를 보았던 모양입니다.

"무슨 말이오? 난 예수를 모르오."

베드로는 엉겁결에 거짓말을 했습니다. 그리고 아무렇지 않은 듯이 보이려고 불 가로 갔습니다.

"어, 이 자는 …… 아까 겟세마네 동산에서 예수와 같이 있던 사람 같은데 ……."

한 병사가 베드로를 알아보았습니다.

"아니, 당신 눈이 어떻게 된 거 아니오? 예수라니, 그가 누구길래 날 그런 사람의 제자라고 하오? 난 예수라는 사람을 본 적도 없는데!"

이번에는 베드로도 제법 강하게 아니라고 소리쳤습니다.

병사는 고개를 갸우뚱했습니다.

"분명한데 ……. 아까 어두워서 자세히 못 봤지만 당신 말투가 갈릴리 출신 같은데!"

그때 병사 대장이 나왔습니다. 아까 베드로에게 귀를 잘린 사람이었습니다.

"대장님, 저 사람 예수 제자지요?"

베드로는 당황해서 고개를 돌렸지만 대장은 베드로를 알아보았습니다.

"아니, 저놈은 아까 내 귀를 자른 바로 그놈인데 ……. 너 잘 만났다. 네가 죽으려고 네 발로 걸어왔구나!"

베드로는 너무 떨려서 말을 제대로 잇지 못했습니다.

"저 …… 저 …… 무 …… 슨 말씀이신지 ……. 내가 뭘 어쨌다구요? 아까부터 다들 날 누구와 착각하는 모양인데 난 여기 친구가 있어서 ……. 더, 더구나 난 회당에도 다니지 않는 사람인데 라비라니요, 예수가 뭐 하는 사람인지도 모릅니다. 여기 잡혀 와 있다면 분명 못되먹은 엉터리 사기꾼인가 본데 ……. 난 정말이지 그 사람 얼굴도 모릅니다. 괜한 사람 잡지 마시오."

베드로는 생각나는 대로 소리쳤습니다. 베드로가 예수를 사기꾼이라고 하며 모른다고 하자 병사들도 미심쩍은 듯 고개를 갸우뚱했습니다.

"하긴, 제사들은 예수와 늘 같이 지내며 식구보다 친하다던데 ……. 저렇게 욕을 하는 걸 보니 제자는 아닌 모양이군. 하지만 아까 내 귀를 자른 놈과 너무 닮아서 기분 나쁘다. 어서 내 눈앞에서 사라져!"
　병사들은 낄낄거리며 베드로에게 꺼지라고 손짓했습니다. 베드로는 그제야 안도의 한숨을 내쉬었습니다.
　그런데 바로 그때 새벽을 알리는 닭 울음 소리가 들렸습니다. 순간 베드로는 예수가 한 말을 기억해 냈습니다.
　'내일 닭이 울기 전에 나를 세 번이나 모른다 할 것이오.'
　베드로는 얼굴이 흙빛으로 변했습니다. 마음 속에서 예수를 배신했다는 죄책감이 밀려 올라왔습니다. 이제 다시는 예수 얼굴을 볼 수 없을 것 같았습니다.
　베드로는 고개를 돌려 예수가 심문받고 있는 안뜰을 바라보았습니다. 우연이었을까요? 예수도 그때 고개를 돌려 베드로와 눈이 마주쳤습니다. 베드로는 다시 한 번 가슴이 찢어질 듯 아팠습니다. 이제까지 자기를 그토록 사랑해 준 예수는 억울하게 붙들려 있는데 자기는 예수를 알지도 못한다고 큰 소리로 욕하고 떠들어 댄 것이 너무 부끄러웠습니다.
　"으허엉……."
　괴로운 울음 소리를 내며 바깥으로 뛰어나가는 베드로를 병사들은 이상하게 바라보았습니다.

빌라도의 재판
　안나스는 유대 회당에서 가장 높은 자리인 대제사장 일

을 7년 동안 맡았던 사람이었습니다. 지금은 사위 가야바가 대제사장이지만 실제로 최고 힘이 있는 사람은 안나스였습니다.

안나스는 여우처럼 약아빠진 늙은이였습니다. 안나스는 예수에게 해가 될 질문을 조목조목 생각해서 물었습니다.

"네 제자들이 누구였는지 말하라!"

안나스는 예수를 따라다닌 제자들이 어떤 사람인지 궁금했습니다. 사회에서 힘이 있는 사람인지, 또는 지식이 있는 사람인지, 돈이 많은 사람인지 알고 싶어했습니다. 그러나 예수는 제자들에 대해 한 마디도 대답하지 않았습니다.

"그렇다면 네가 퍼뜨리고 다닌 내용을 말하라. 너는 어떤 말로 이스라엘 사람들을 혼란에 빠지게 한 건가?"

"나는 언제나 세상에 내놓고 말했다. 단 한 번도 몰래, 숨어서 말한 적이 없다. 언제나 사람들이 가득 모인 회당에서 가르쳤다. 그런데 왜 내게 묻는 것인가? 내가 말한 내용을 정말 모른다면 내 말을 들은 많은 사람들에게 물어 보아라. 그들은 내가 말한 내용을 잘 알고 있다."

예수가 거침없이 대답하자 안나스는 얼굴을 찌푸렸습니다. 대부분의 유대인들은 안나스 앞에서 꼼짝도 못 했습니다. 그런데 감히 자기 질문에 공손하게 대답하지 않는 예수가 못마땅했기 때문입니다.

"감히 안나스님께 그 따위로 대답하다니…….."
 예수 옆에 서 있던 병사가 안나스가 불쾌해하는 것을 보고 예수의 뺨을 후려치며 말했습니다. 그러자 예수는 고개를 들고 자기를 때린 병사를 똑바로 보며 말했습니다.
 "내가 말한 것이 옳지 못하다면 그 까닭을 대 보아라!"
 안나스는 고개를 저었습니다. 생각했던 것보다 예수는 훨씬 더 침착했고 당당했습니다.
 '저 자는 사기꾼 라비는 아니었던 것 같군. 여기서 그의 잘못을 파헤치기가 힘들겠다. 산헤드린 공의회로 가서 종교 재판을 해야겠다.'
 안나스는 예수를 밧줄로 묶게 한 뒤 가야바가 우두머리로 있는 산헤드린 공의회로 갔습니다. 산헤드린 공의회란 유대 종교 지도자들이 모여 중요한 결정을 내리는 모임입니다.
 산헤드린 공의회에는 몇 사람을 뺀 회원들이 다 모여 예수를 기다리고 있었습니다. 이들은 마치 여러 날 굶은 맹수 같았습니다. 단번에 먹이를 먹어치울 듯 예수에게 질문을 퍼부었습니다.
 그러나 예수는 여전히 입을 굳게 닫고 있을 뿐이었습니다. 예수를 곤경에 빠뜨릴 질문이 계속 터져 나왔지만 예수는 그들의 얼굴을 뚫어지게 바라볼 뿐 한 마디도 하지 않았습니다.
 "너는 어찌 아무 대답도 없느냐? 이 사람들의 말이 옳으냐, 아니냐?"

대제사장 가야바는 참다 못해 자리에서 벌떡 일어나며 소리쳤습니다. 그러나 예수는 여전히 침묵을 지켰습니다. 예수는 제사장들의 억지 질문에 대답할 필요를 느끼지 않았습니다. 그들은 마치 연극을 하듯 짜여진 각본대로 예수를 죄인으로 만들어 벌을 주려는 계획이었습니다. 그러므로 예수가 어떤 말을 해도 아무 소용이 없었습니다. 이를 잘 아는 예수는 조용히 듣기만 할 뿐 아무 말도 하지 않았습니다.

마침내 교활한 가야바는 예수에게 대답을 들을 만한 질문을 생각해 냈습니다.

"네게 명령한다. 대답하라, 너는 하나님의 아들 그리스도인가?"

예수는 가야바를 쳐다보다가 입을 열었습니다.

"내가 말한다 해도 너희는 믿지 않을 것이다. 내가 물어도 너희는 대답하지 않을 것이다."

예수의 대답을 기다렸다는 듯이 모여 있던 제사장들은 일제히 예수에게 손가락질을 해 대며 소리질렀습니다.

"네가 감히 찬양받으실 하나님의 아들, 그리스도가 맞다는 말인가?"

예수는 그들의 으르렁대는 얼굴을 바라보며 조용히 대답했습니다.

"네가 방금 말한 대로다. 이후에 너희는 내가 하늘 옥좌의 오른쪽에 앉은 것과 하늘 구름을 타고 오는 것을 볼 것이다."

예수의 말이 끝나자마자 제사장들은 흥분해서 무섭게 소리질렀습니다. 대제사장 가야바는 굳은 얼굴로 벌떡 일어나더니 자기 옷을 위에서 아래로 부욱 찢어 버렸습니다. 이것은 있을 수 없는 말을 들었을 때 하는 행동이었습니다. 유대인들에게 하나님은 너무 높아서 감히 그 이름조차 함부로 부를 수 없었습니다. 그런데 예수가 그런 하나님을 자기 아버지라고 부르니 크나큰 잘못으로 여겨졌겠죠.

"저 자가 자기 주제도 모르고 감히 입에 담을 수 없는 끔찍한 말을 하였도다. 그러니 어찌 더 이상의 증인이 필요하리오? 보라, 너희들도 모두 저 자가 한 말을 들었도다. 대답해 보라, 저 자를 어찌함이 옳겠느냐?"

제사장들은 가야바의 질문에 약속이나 한 듯이 한목소리로 대답했습니다.

"사형이오, 그는 사형을 받아 마땅하오!"

이 굶주린 이리 떼들에게는 시간이 촉박했습니다. 하루만에 예수에게 벌을 내리지 않으면 안식일이 되어 또 하루를 기다려야 하기 때문입니다. 물론 이들이 내릴 벌은 사형이었습니다.

예수는 바삐 끌려다녔습니다. 가야바의 부하들은 예수를 로마 총독인 빌라도에게 끌고 갔습니다. 유대인 율법에 이방인의 집에 들어가는 것은 부정하다고 돼 있기 때문에 그들은 집에 들어가지 않고 밖에서 빌라도를 기다렸습니다.

"에이, 유대 늙은이들이 무슨 일로 새벽부터 불러 내는 거지?"

빌라도는 유대인 종교 지도자들을 싫어하던 터라 달갑지 않게 밖으로 나갔습니다.

"안녕하시오, 제사장들! 무슨 일로 이토록 이른 새벽부터 찾아오셨습니까?"

빌라도는 한껏 비꼬아 말했습니다.

그러나 한시가 바쁜 유대인들은 전혀 상관하지 않고 본론으로 들어갔습니다.

"이 자는 용서받을 수 없는 죄를 지었기에 총독에게 재판을 받으려고 온 것이오."

"왜 내가 저 사람을 재판해야 하오? 당신들의 법을 어겼으니 당신들이 데려다가 마음대로 하시오."

빌라도는 귀찮은 일을 떠맡기 싫어서 거절하려 했습니다.

"우리에게는 죄인을 죽일 권한이 없소!"

유대인 지도자들의 대답이었습니다. 그들의 뜻은 예수를 죽여 달라는 것이었습니다.

"저 자는 신성 모독죄요. 또한 온 이스라엘을 돌아다니며 사람들을 거짓말로 유혹했소. 게다가 사람들을 부추겨 로마에 세금 바치는 것도 막았소. 저 자는 중죄인이

므로 죽어 마땅하오."
 유대인 종교 지도자들이 흥분하여 소리쳤습니다. 신성 모독이란 하나님을 함부로 나쁘게 말했다는 뜻으로 유대인에게는 큰 죄였습니다.
 빌라도는 하는 수 없이 예수를 자기 방으로 데려갔습니다.

"네가 유대인의 왕이라고 했는가?"
 빌라도의 질문에 예수는 되물었습니다.
 "네가 알고자 해서 묻는 것인가, 아니면 저들이 시키는 대로 하는 것인가?"
 예수가 제대로 대답하

지 않자 빌라도는 발끈했습니다.

"네가 유대인인가? 네 나라 제사장들이 너를 내게 넘겼으니 대답해 보라. 네가 왕이냐?"

예수는 빌라도를 쳐다보았습니다. 예수의 눈빛은 빌라도가 이해하기 힘든 것이었습니다. 예수는 조금도 두려워하지 않았고 오히려 당당했습니다. 평범한 옷차림만 아니라면 정말 왕 같다는 생각이 들었습니다.

"내 나라는 이 세상의 나라가 아니다. 이 세상의 많은 나라들은 하나같이 사람들의 욕심으로 얼룩진 나라다. 많은 사람들이 왕 자리나 높은 자리를 차지하려는 욕심으로 서로를 죽이고 있으니! 내 나라는 그런 슬픈 나라가 아니다. 내 나라가 만약 세상의 나라와 같았다면 내가 여기 잡혀 오지도 않았을 게다. 다른 나라처럼 백성들이 왕인 나를 구하려고 싸웠을 테니 말이다. 세상의 나라들은 모두 왕을 구하려고 백성들이 목숨을 바치지만 …… 내 나라에서는 사랑하는 백성을 구하려고 왕인 내가 죽는다. 바로 그것이 세상 나라와 내 나라가 다른 점이다."

빌라도는 예수의 대답을 이해하기 힘들었기 때문에 다시 물었습니다.

"그렇다면 네가 왕이 아니냐?"

"네가 말한 것처럼 나는 왕이다. 나는 이 중요한 사실을 알리려고 세상에 왔다. 하나님을 믿는 사람들은 내 소리를 귀담아 듣느니라."

이는 더욱 골치 아픈 대답이라고 빌라도는 생각했습니다.

"진리가 무엇인가?"

예수는 잠잠했습니다. 빌라도는 고개를 흔들며 밖으로 나갔습니다. 유대인 종교 지도자들이 목을 빼고 기다리고 있었습니다.

"어떻게 되었소? 예수는 사형이오?"

유대인 종교 지도자들은 안달이 나서 물었습니다.

"나는 도무지 저 자에게서 죄를 찾지 못하겠소!"

빌라도의 대답이었습니다.

12. 십자가에 못 박히다

십자가에 못 박아라

어느 새 아침이 밝아 오자 많은 유대인들이 총독의 집 앞으로 몰려들었습니다. 유대인의 큰 명절인 유월절 전날이었습니다. 이 날은 유대의 법대로 죄인 한 사람을 풀어 주는 풍습이 있었는데 마침 죄수 세 명이 십자가에 못 박혀 죽는 벌을 받게 돼 있었습니다. 세 명의 죄수는 바로 흉악한 강도짓을 한 두 사람과 폭동을 일으켰다가 잡힌 바라바였습니다.

바라바는 유대인들의 영웅이었습니다. 바라바는 이스라엘 독립을 위해 로마와 싸우는 많은 독립운동 단체 가운데 하나인 열혈당 모임의 대장이었습니다. 바라바는 많은 유대인들을 훈련시켜 여기저기서 로마에 대항하는 폭동을 일으켰습니다. 유대인들에게는 바라바가 하나의 희망이었습니다. 그래서 바라바가 풀려나기를 바라고 있었습니다.

빌라도는 밤새 시달리느라 지친 예수를 유대인들 앞에

보여 주며 물었습니다.

"자, 여기 너희들의 왕이라고 하는 예수가 있다. 이 사람을 풀어 주기 원하느냐?"

곳곳에서 예수를 풀어 달라는 소리가 들렸습니다. 그곳에는 예수의 제자들과 그를 따르던 많은 사람들, 예수의 어머니 마리아와 죽었다 살아난 나사로 그리고 여동생 마리아, 마르다도 모여 있었습니다. 그들은 목이 터지도록 소리쳤습니다.

"예수를 놓아 주소서!"

그러나 그들의 목소리는 수많은 사람들 소리에 묻혔습니다.

"아니오, 바라바를 놓아 주시오. 우리는 바라바를 원하오. 바라바, 바라바!"

바라바를 외치는 소리가 파도처럼 번져 갔습니다. 예수를 구하려는 사람들은 눈물을 흘리며 예수의 이름을 외쳤지만 아무 소용이 없었습니다.

빌라도는 그때 부인이 보낸 쪽지를 받았습니다.

'예수를 죽이는 일에 끼지 마소서. 그는 보통 사람이 아닙니다.'

빌라도는 자기 일에 간섭을 안 하던 부인이 쪽지까지 보낸 걸 보니 무슨 까닭이 있으리라 생각했습니다.

"보라, 예수에게는 아무 죄가 없다. 그러니 그를 놓아 주기를 원치 않느냐?"

빌라도는 모여 있는 유대인들에게 다시 한 번 물었습니다.

"아니오, 그는 죄인이오. 그를 십자가에 못 박으소서."

예수를 십자가에 못 박으라는 외침은 물결치듯 번져 갔습니다. 빌라도는 저들의 말을 들어 주지 않으면 또 한 번 시끄러운 반란이 일어날지도 모르겠다고 생각했습니다. 유대인들은 성격이 불 같기 때문에 한번 반란이 일어나면 막기 어려웠습니다. 게다가 반란이 일어난 사실이 로마에 알려지면 총독 자리가 위태로웠습니다. 그러니 반란을 막으려면 유대인들이 원하는 것을 들어 줘야 했습니다.

그러나 죄 없는 예수를 십자가에 못 박아 죽이는 것만은 막고 싶었습니다. 빌라도는 고민에 빠졌습니다. 죄도 없는 예수를 사형시킬 수는 없었습니다. 그래서 예수를 미워하는 사람들을 조금이나마 기분 좋게 해 줄 생각으로 예수에게 채찍질을 하고 놓아 주려 했습니다.

빌라도의 명령을 받은 병사들이 예수를 뒤뜰로 데려가 채찍으로 마구 때렸습니다. 병사들 가운데 하나가 못된 장난을 생각해 냈습니다.

"이 자가 유대인의 왕이라구? 그럼 우리가 이 자를 왕처럼 만들어 보자."

한 병사가 자기의 붉은색 겉옷을 예수에게 둘러 주었습니다. 그러자 다른 병사는 근처의 가시나무 가지를 꺾어

왕관을 만들었습니다. 병사들은 예수의 머리에 가시 왕관을 씌웠습니다. 그러자 예수의 이마가 날카로운 가시에 찢겨 금세 얼굴이 피투성이가 되었습니다. 병사들이 예수

를 손가락질하며 그 앞에 무릎 꿇는 시늉을 했습니다.

"폐하…… 유대인의 왕 만세!"

병사들은 깔깔대며 예수의 뺨을 때리기도 하고 얼굴에 침을 뱉기도 했습니다. 예수는 고통스러웠지만 아무 말도 하지 않았습니다.

"예수를 데리고 오라!"

빌라도의 명령에 따라 피투성이가 된 예수가 다시 끌려 들어갔습니다.

"이 사람을 보라. 유대인의 왕, 예수니라. 예수가 채찍에 맞았으니 그만 놓아 주는 것이 어떠냐?"

빌라도는 유대인들에게 다시 물었습니다.

"아니오, 그를 십자가에 못 박고 바라바를 놓아 주시오. 그는 죄인이오. 십자가에 못 박으소서."

유대인들은 더욱 흥분하여 소리쳤습니다. 빌라도는 짜증이 났습니다. 알 수 없는 유대인들이라고 생각했습니다. 빌라도는 예수에게 말했습니다.

"도대체 넌 어디에서 왔는가? 어찌 내게도 아무 말 않는가? 내겐 널 놓아 줄 힘도 있고 죽일 힘도 있다는 것을 모르느냐?"

피투성이가 된 예수는 빌라도를 바라보며 나지막이 말했습니다.

"아니다. 나는 하나님께서 정하신 대로 죽는 것이지 결코 네 힘으로 죽는 것이 아니다. 하나님께서 허락하지 않으시면 너에겐 절대로 날 죽일 힘이 없다. 그러므로 날 죽이려고 거짓을 꾸민 저 유대인 지도자들의 죄가 너보다 더 크다."

빌라도는 더 이상 어쩔 수 없음을 깨달았습니다.

"자, 여기 너희의 왕이 있다. 나는 그에게서 죄를 찾지 못했다. 그러므로 그를 죽일 수가 없다. 너희가 그토록 예수를 죽이기 원한다면 죄 없는 피를 누가 책임질 셈이냐?"

빌라도는 이쯤에서 발을 뺄 작정이었습니다.

"그 피의 책임은 우리와 우리 자손이 질 것입니다. 그를 십자가에 못 박으소서!"

유대인들이 한결같이 소리 높여 외쳤습니다. 이 한 마디 때문에 앞으로 이스라엘이 겪게 될 무시무시한 미래를 상상하지도 못한 채 그저 예수를 죽이라고만 소리쳤습니다.

마침내 바라바는 풀려났고 예수는 십자가형을 받게 되었습니다. 유대인들은 그제야 만족한 듯 모두 돌아갔습니다. 다만 예수의 어머니 마리아를 비롯해 몇 명만 남아 있었습니다. 모두들 정신 나간 사람처럼 멍하니 서 있었습니다. 있을 수 없는 일이었습니다. 예수를 십자가에 못 박다니! 아무 죄 없는 예수를 십자가에 못 박아 죽이라니!

죽음의 골고다 언덕으로

4월 하늘은 맑았습니다. 해가 하늘 중간에 걸린 정오가

다 돼서 예수는 죽음의 골고다 언덕을 올라가야 했습니다. 로마 풍습대로 십자가를 지고 언덕길을 올라가야 했습니다. 가야바는 도중에 누가 예수를 구해 낼까 봐 끝까지 지켜 보았습니다.

예수는 마침내 골고다 언덕에 다다랐습니다. 골고다 언덕은 희고 둥글어서 해골 같았습니다. 예수를 따라온 여인들은 울음을 그치지 못했습니다. 단 한 사람의 제자 요한만 마리아 곁에서 예수를 지켜 보고 있었습니다.

십자가형이란 죄인의 손과 발을 십자가에 못 박아 매달아 죽이는 끔찍한 벌이었습니다. 잔인하기로 소문난 로마에서도 가장 지독한 벌이었습니다. 그래서 십자가형은 가장 큰 죄를 지은 죄인들에게만 내려졌습니다. 이 날 예수와 함께 십자가에 달리는 죄인도 사람을 죽인 강도였습니다.

마침내 병사들이 죄인들을 십자가에 달려고 손과 발에 대못을 박기 시작했습니다.

"으아아악……."

차마 듣기조차 괴로운 비명 소리가 하늘에 울렸습니다. 강도의 손에 대못이 박혔기 때문입니다. 이어 두 발이 포개지고 역시 대못이 박혔습니다. 강도는 십자가에 달려 몸부림치다가 기절해 버렸습니다.

두 강도가 십자가에 차례로 달리자 병사들은 예수에게 다가갔습니다. 예수는 지고 온 십자가 나무에 양 팔을 길게 벌려야 했습니다. 병사들은 아무 표정 없이 예수의 손바닥에 대못을 박기 시작했습니다.

마리아는 아들의 손바닥에 못이 박히는 모습을 보다가 그 자리에 주저앉아 버렸습니다. 예수의 제자 요한이 곁에서 마리아를 돌보았습니다. 예수를 잘 따랐던 나사로의 누이 마리아와 마르다 자매도 예수가 십자가에 달리는 모습을 통곡하며 바라보았습니다.

마침내 예수는 십자가에 높이 달렸습니다.

예수는 손과 발이 대못에 뚫리는 고통을 당하면서도 소리를 지를 수 없었습니다. 자신을 지켜 보는 사람들 때문입니다. 자신을 사랑하는 어머니와 제자들 때문에 그저 고통을 견뎌야 했습니다. 비명을 지르면 듣는 사람들이 더욱 고통스러울 거라고 생각했기 때문입니다.

이를 악물고 십자가에 달린 예수는 너무도 괴로워 눈을 감고 고개를 떨구었습니다. 온몸에서 힘이 빠지고 정신이 희미해짐을 느꼈습니다. 죽음이 가까이 왔다고 생각한 예수는 마지막 힘을 내어 기도하기 시작했습니다.

"아버지, 저들을 용서해 주십시오. 저들은 자기가 하는 짓이 잘못됐다는 것을 모르고 있습니다."

예수가 마지막으로 한 기도는 자기를 십자가에 매단 유대인들을 위한 기도였습니다. 예수는 죽는 순간까지도 유대인들을 사랑했습니다.

예수가 달린 십자가 위에는 '유대인의 왕'이라고 쓰인

팻말이 달려 있었습니다.

　병사들과 유대 제사장들은 예수의 십자가 아래에서 웃으며 조롱했습니다.

　"유대인의 왕이여, 자신을 구해 보시지!"

　"남은 살리면서 자긴 살리지 못하는구나!"

　"하나님이 그를 살리시는가 보자!"

　예수의 양 옆에는 두 사람의 강도가 함께 십자가에 달렸습니다. 한 강도가 예수를 비웃었습니다.

　"당신은 그리스도라면서, 자신과 우리를 살려 보시오."

　그러자 다른 강도가 꾸짖었습니다.

　"입 다물지 못하느냐? 너나 나는 죄를 지었으니 이렇게 벌받는 것이 마땅하나 이분은 무슨 잘못이 있는가?"

　그리고 이어 예수를 돌아보며 말했습니다.

　"예수님께서 왕이 되실 때 저를 꼭 기억해 주십시오."

　예수는 강도를 보며 힘겹게 말했습니다.

　"오늘…… 네가 나와 함께 낙원에 있을 것이다."

　예수는 점점 거칠게 숨을 몰아쉬었습니다. 몸도 점점 굳어져 갔습니다. 너무 아파서 눈을 바로 뜨기가 어려웠습니다. 목이 말라 입술이 타 들어갔지만 어쩌지도 못했습니다.

　갑자기 하늘이 검은색으로 변했습니다. 어둡고 두터운 구름이 해를 가렸기 때문입니다. 사람들은 갑작스레 퍼지는 어둠이 두려워서 슬금슬금 집으로 돌아갔습니다.

 여자들 몇 명만 끝까지 십자가 곁에서 예수를 지키고 있었습니다.
　예수의 어머니 마리아는 이미 제 정신이 아니었습니다. 사랑하는 아들이 십자가에 박혀 있는 현실이 몽롱한 꿈처

럼 느껴졌습니다. 몇 번이나 정신을 잃을 뻔했지만 입술을 깨물어 가며 정신을 차렸습니다. 정신을 잃으면 아들을 영영 잃을 것 같았기 때문입니다. 목마름으로 고통스러워하던 예수의 눈이 마리아와 마주쳤습니다. 예수는 언젠가 나사렛에서 그랬던 것처럼 어머니를 안심시키려고 애써 평온한 표정을 지었습니다. 의식이 가물가물했지만 힘주어 눈을 떴습니다. 예수는 마리아에게 마지막 힘을 다해 말했습니다.

"어머니, 보소서. 당신 아들입니다."

예수는 마리아 곁에 서 있던 요한을 가리키며 말했습니다.

"요한, 당신의 어머니요. 끝까지 함께하시오!"

예수는 마지막으로 어머니를 가장 사랑했던 제자에게 부탁했습니다. 순간 예수는 가슴이 찢어지는 듯한 고통을 느꼈습니다.

"나의 하나님, 나의 하나님, 어찌하여 나를 이렇게 죽게 버려 두십니까?"

예수의 마지막 외침이었습니다. 남아 있던 사람들은 예수가 하나님을 부르니 무슨 일이 생길 줄 알고 긴장하여 바라보았습니다.

그러나 잠시 뒤 예수는 작은 소리로 신음하듯 말했습니다.

"내가 목이 마르다."

갈라져 나오는 신음 소리에 로마 병사도 예수를 불쌍히 여겼습니다. 막대기 끝에 포도주를 적셔 예수의 입술에 대 주었습니다. 이어 예수는 다시 외마디 소리를 질렀습니다.

"다 이루었다!"

잠시 뒤 예수는 하늘을 우러러 소리쳤습니다.

"아버지, 제 영혼을 아버지 손에 맡깁니다."

마침내 기나긴 고통의 시간이 끝나자 예수는 고개를 떨구었습니다.

바로 그 시간에 예루살렘 성전에서는 이상한 일이 일어났습니다. 성전 안에서 가장 중요한 곳은 지성소였습니다. 지성소는 대제사장만 들어갈 수 있는 곳입니다. 사람들과 하나님 사이를 이어 주는 대제사장만 지성소에 들어가 사람들의 죄를 용서해 달라고 기도하는 곳입니다. 그러므로 보통 사람들은 지성소 안이 어떻게 생겼는지 구경도 할 수 없었습니다.

그런데 지성소를 가리는 커다란 천이 위에서부터 아래로 길게 두 쪽으로 찢어진 것입니다. 그래서 지성소 안이 훤히 들여다보이게 되었습니다.

또한 골고다 언덕을 중심으로 온 예루살렘에 갑자기 큰 지진이 일어났습니다. 사람들은 이상한 현상을 보자 비로소 두려움을 느꼈습니다.

"진짜 하나님의 아들을 우리가 죽게 한 것은 아닐까?"

그러나 이제 어쩔 수 없었습니다. 한 로마 병사가 창으로 예수의 죽음을 확인했습니다. 병사가 창으로 예수의 옆구리를 찌르자 물과 피가 쏟아졌습니다. 예수가 죽은 것이 확실했습니다. 보통 죄수가 죽으면 팔과 다리를 꺾게 돼 있었습니다. 그러나 예수는 이미 죽은 것이 확실했기 때문에 팔, 다리를 꺾지 않았습니다. 병사들이 예수 시체를 십자가에서 내렸습니다. 해가 지기 전에 언덕 아래 화장터에서 다른 죄수 둘과 함께 불에 태우기 위해서였습니다.

그런데 그때 아리마대 출신의 요셉이라는 사람이 왔습니다.

"여기 빌라도 총독한테 받은 매장 허가서가 있소. 그러니 예수의 시체를 주시오."

병사는 허가서를 흘깃 확인한 뒤 예수의 시체를 넘겨주었습니다.

아리마대 요셉은 예수 시체를 가지고 자기 집안의 돌무덤으로 들어갔습니다. 먼저 예수의 몸을 씻고 향료를 뿌렸습니다. 그리고 향기로운 고운 베로 예수의 몸을 감싸 주었습니다. 이어 다시 흰 천으로 감싸고 길고 고운 명주천으로 묶었습니다. 머리도 빠짐없이 헝겊으로 감쌌습니다. 그리고 아리마대 요셉을 따라온 사람들은 눈물을 흘리며 예수의 이마에 입맞춘 뒤 얼굴도 마저 천으로 덮었습니다. 요셉이 자기를 위해 준비해 두었던 돌무덤에 예수의 시체를 뉘었습니다. 다 함께 죽은 이를 위한 노래를 부른 뒤

무덤 앞을 커다란 돌로 막았습니다. 그런 뒤 요셉은 나머지 사람들을 데리고 아무 말 없이 돌아왔습니다.

다만 여인들은 바로 돌아오지 않았습니다. 예수의 어머니 마리아는 언제까지고 그곳에 굳어 버린 돌처럼 앉아 있을 것 같았습니다. 마르다와 마리아도 마찬가지였습니다.

그러나 날이 어두워지고 기온이 내려가자 그들도 돌아가야 했습니다. 안식일이 지나면 다시 돌아오자고 이야기하면서 눈물을 흘리며 갔습니다.

금요일 밤은 쓸쓸한 눈물 속에 저물었습니다.

대제사장 가야바는 한 가지 미심쩍은 것이 있었습니다. 예수가 죽어서 속이 시원했지만 그가 죽기 전에 했다는 말이 아무래도 마음에 걸렸던 것입니다. 예수는 제자들에게 자주 자신의 죽음을 이야기하면서 사흘 만에 다시 오리라고 말했습니다.

'죽은 자가 어떻게 다시 오겠어? 그렇지만 혹시 제자들이 계략을 꾸며 예수가 다시 살아났다고 하는 날에는 더 시끄러운 일이 생길 텐데…….'

가야바는 아무래도 예수의 시체가 불안했습니다. 밤새 예수 제자들이 나타나 시체를 훔쳐 가기라도 하면 큰 일이기 때문입니다. 가야바는 빌라도에게 예수 무덤을 안식일 다음 날까지 밤새 지켜 달라고 부탁했습니다. 빌라도는 더 이상 실랑이하기가 귀찮아서 승낙했습니다. 그래서 이 날 밤부터 네 명의 로마 병사가 예수 무덤 앞에서 밤새 지켜야 했습니다.

"나 원 참, 이제 별걸 다 해 보는군. 죽은 사람이 살아날까 봐 무덤을 지키다니……."

"누가 아니래나? 유대인들은 정말 이해하기 힘들어."

병사들은 모닥불을 피워 놓고 무덤 앞에 밤새 앉아 있었습니다. 물론 아무도 무덤에 나타나지 않았습니다. 병사들은 돌아가면서 잠을 잤습니다. 무덤은 아무 일도 없는 것처럼 조용했습니다.

13. 다시 살아난 예수

열려 있던 무덤 문

예수를 무덤에 장사지낸 다음 날 밤이었습니다.

병사들은 무덤 앞에서 이틀째 밤을 보내게 되자 마음이 좀 놓였습니다. 무덤 앞에 불을 피워 놓고 두런두런 이야기를 나누며 낄낄대고 있는데 갑자기 땅이 심하게 흔들리기 시작했습니다. 뒤이어 하늘에서 천둥번개가 쳤습니다.

갑자기 번개가 번쩍이고 천둥이 치고 땅이 심하게 흔들리자 병사들은 제 정신이 아니었습니다. 훈련된 병사들조차 몸을 제대로 가누지 못할 만큼 심한 지진이었습니다.

병사들은 땅바닥에 납작 엎드려 있었습니다. 한참 동안 울리던 지진은 순식간에 멈추었습니다.

다음 날 새벽이 되었습니다. 아직 해가 떠오르지 않아 무덤 주위가 어슴푸레했지만 어디에도 어제의 지진이나 천둥, 번개의 흔적은 없었습니다.

이른 새벽인데도 무덤 쪽으로 걸어오는 여인들의 그림자가 보였습니다. 그들은 예수를 따르던 여인들이었습니다. 살로메, 요한나, 막달라 마리아, 베다니의 마리아, 이렇게 네 사람이 조용히 이야기를 나누며 무덤을 향해 바삐 걸었습니다.

"가장 좋은 향료를 준비했어요. 예수님 주위에 좋은 향기가 나도록 말이에요."

살로메가 무거운 분위기를 깨고 이야기를 시작했습니다.

"그런데 우리 힘으로 무덤을 막은 돌을 치울 수 있을까요? 그때 보니까 장정 네 사람이 힘겹게 굴리던 돌인데……."

요한나가 걱정스레 말했습니다.

그러나 무덤에 다다른 여인들은 걱정할 필요가 없었음을 깨달았습니다. 누군가 벌써 다녀갔는지 무덤 앞의 돌이 한 켠으로 치워져 있었습니다.

"아니, 누가 벌써 다녀간 걸까요? 정말 빠르기도 하지."

여인들은 누구일까 궁금해하면서 무덤 안으로 들어갔습니다.

"아…… 아…… 이럴 수가……."

여인들은 너무 놀라 입이 떨어지지 않았습니다.

"예수님의 시신을 누가 치운 걸까요?"

무덤 속 돌 위에 누워 있던 예수의 시체가 온데간데없었습니다.

"누가 다녀간 게 아닐 거예요. 분명 무덤을 지키던 병사들 짓일 거예요."

여인들은 분노로 몸을 떨었습니다.

"어떻게 시신마저 그냥 두지 않는 걸까요?"

베다니의 마리아는 끝내 울음을 터뜨렸습니다.

"어서 가서 이 사실을 베드로와 요한에게 알려야겠어요. 다들 여기서 기다리세요."

막달라 마리아는 제자들이 모여 있는 다락방을 향해 달렸습니다. 예수와 마지막으로 만찬을 했던 다락방에 제자들이 대부분 모여 있었습니다. 예수를 팔아넘긴 죄책감으로 끝내 목을 매 목숨을 끊은 가룟 유다만 빼고 말입니다. 제자들은 로마 병사들이 언제 들이닥칠지 몰라 두려움에 떨면서 꼼짝하지 않았습니다.

"쾅쾅쾅······."

갑자기 문 두드리는 소리에 제자들은 깜짝 놀랐습니다.

"누, 누구요?"

베드로가 문 가까이 귀를 대고 물었습니다.

"저예요, 마리아예요. 어서 문을 열어 보세요. 큰일났어요."

예수의 시체가 없어졌다는 말을 들은 베드로와 요한은 힘을 다해 무덤으로 달려갔습니다. 무덤에 도착해 들어가 보니 정말 예수의 시체가 보이지 않았습니다. 대신 예수를 쌌던 고운 천만 돌 위에 가지런히 놓여 있었습니다.

"대체 어찌 된 일이람! 누가 선생님의 시신을 훔쳐 간 것일까?"

"아직도 할 일이 남았단 말인가! 가야바의 짓인 것 같은데 말이야."

베드로와 요한은 누구에게 도움을 청해야 좋을지 알아보려고 다락방으로 돌아갔습니다.

마리아는 무덤을 떠나지 못하고 밖에 서서 울고 있었습니다. 예수가 해 준 이야기들이며 함께 식사하던 모습이 떠올라 눈물을 멈출 수 없었습니다.

"여인아, 왜 울고 있느냐?"

마리아는 깜짝 놀라며 뒤돌아보았습니다. 처음 보는 사람인데도 낯설지 않은 한 남자가 서 있었습니다. 마리아는 이 동산을 지키는 남자인가 보다고 생각했습니다.
"누군가가 예수님의 시신을 훔쳐 갔습니다. 아마 제사장들의 짓일 거예요. 어쩌면 이럴 수가 있을까요? 아, 혹시 그분을 어디로 옮겼는지 아신다면 부디 제게 가르쳐 주세요!"
마리아는 슬픔이 복받쳐 고개를 떨군 채 울었습니다.
"마리아……."
마리아는 순간 예수의 목소리를 들었습니다. 너무 그리워하면 헛것이 들리는 모양입니다.
"마리아, 고개를 들어 보라."
마리아는 설마 하며 고개를 들었습니다. 그런데 이게 어쩐 일일까요? 방금 있던 남자의 모습은 온데간데없고 대신 그토록 그리워하던 예수의 모습이 보였습니다.
"아, 선생님!"
마리아는 꿈이라도 좋았습니다. 마리아는 예수의 발을 보았습니다. 놀랍게도 예수의 발에는 못자국이 뚜렷하게 남아 있었습니다. 마리아는 예수의 발에 굵은 대못이 박히던 장면을 떠올리며 몸서리쳤습니다. 마리아는 예수의 발을 어루만지려 했습니다.
"아직 내가 아버지께 올라가지 않았다. 그러니 나를 붙잡지 말라. 어서 형제들에게 가서 내가 하나님 아버지께

올라간다고 전하라."

예수는 말을 마치자마자 수풀 사이로 사라졌습니다.

"선생님 ……."

마리아는 예수의 모습을 놓치지 않으려고 눈도 깜박이지 않고 쳐다보았지만 잠시 뒤 예수는 보이지 않았습니다. 마리아는 그 길로 다락방으로 달려갔습니다.

제자들은 어디 가서 예수의 시체를 찾아야 할지 막막해서 그냥 주저앉아 있었습니다. 갑자기 문 두드리는 소리가 나자 제자들은 긴장했습니다. 다행히 마리아였습니다.

"무덤에서 선생님을 보았어요. 선생님은 돌아가시지 않았어요. 그분은 하나님께 올라간다고 말씀하셨어요."

마리아는 꿈꾸는 듯한 목소리로 기쁨에 차서 말했습니다. 제자들은 그제야 사흘 만에 돌아오리라는 예수의 말을 떠올렸습니다.

"설마 …… 선생님은 분명 숨을 거두셨는데 ……."

아무래도 제자들은 그 사실이 믿기지 않았습니다. 그들은 이제 모든 희망을 잃고 어떻게 살아야 할지조차 결정 못 하고 있었습니다. 베드로는 여전히 예수를 모른다고 했던 그 날 밤 일 때문에 괴로워했습니다. 이미 두 제자는 엠마오로 떠나 버렸습니다. 유다는 예수를 판 괴로움 때문에 자살해 버렸습니다. 그러니 남은 제자는 아홉 명뿐이었습니다. 마리아가 한 말이 사실이라면 더없이 좋겠지만 아무래도 있을 수 없는 일이었습니다.

제자들은 문을 꼭꼭 걸어 잠그고 다락방에 쭈그리고 앉아 있었습니다.

다시 나타난 예수

저녁 식사 시간이 되었습니다. 여덟 명의 제자들은 저녁 상을 앞에 놓고 멍하니 앉아 있었습니다. 도마는 좀 전에 답답하다며 도움 청할 사람을 찾아 나섰습니다. 잔뜩 웅크리고 앉은 제자들 뒤에서 갑자기 귀에 익은 목소리가 들렸습니다.

"여러분에게 평안이 있기를……."

순간 제자들은 일제히 뒤를 돌아보았습니다. 이틀을 2년처럼 느낄 만큼 그리워했던 예수의 목소리였기 때문입니다.

"선생님……."

제자들은 아무 말도 할 수 없었습니다.

"여러분에게 평안이 함께할 것이오."

예수는 몸에 상처를 그대로 지닌 모습이었습니다. 손과 발의 못자국뿐 아니라 옆구리에 창으로 찔린 상처도 그대로였습니다.

"선생님, 이게 환상은 아니겠지요?"

요한은 기쁨의 눈물을 흘리며 물었습니다. 예수는 웃으며 먹을 것이 있냐고 물었습니다. 마침 저녁상이 차려져 있어서 예수는 제자들과 함께 식사를 했습니다. 제자들은 예수를 쳐다보느라 제대로 먹지도 못했습니다. 예수는 식사를 마치고 이야기를 했습니다.

"나는 여러분과 늘 함께 있을 것이오. 이제 내가 여러분을 세상으로 보낼 것이니 가서 하나님 나라 말씀을 전하시오. 희망을 잃고 사는 사람, 죄짓고 어둠에 갇혀 사는 사람, 병든 사람, 가난하고 힘없는 사람들은 모두 여러분의 친형제처럼 사랑하시오. 내가 그랬던 것처럼 사랑하고 아껴 주시오. 그래서 그들에게 하나님 나라가 어떤 나라인지 알게 해 주시오. 여러분이 누구든지 죄를 용서해 주면 그의 죄는 용서될 것이고 그대로 두면 그의 죄는 그대로 남을 것이오. 내가 했던 말들을 잊지 말고 세상으로 가서 사랑의 씨를 뿌리시오. 그리하면 머잖아 풍성한 열매를 맺게 될 것이오. 죄로 물든 세상이 사랑으로 다시 밝아지는 열매를 말이오. 이제 더 이상 이곳에 머물러 있지 마시오. 가시오, 어서!"

예수는 말을 마치고 연기처럼 서서히 사라졌습니다. 예수가 사라지고 얼마 지나지 않아 엠마오로 떠났던 두 제자가 흥분된 얼굴로 돌아왔습니다.

"우리는 엠마오로 가는 길에서 예수님을 만났네!"

제자들은 이제 조금씩 예수가 다시 살아났다고 믿기 시작했습니다. 그러나 도마는 고개를 저었습니다. 도마가 돌아왔을 때 예수의 모습은 사라지고 없었기 때문입니다.

"난 절대로 믿을 수 없네. 선생님은 분명히 돌아가셨는

걸! 내 손으로 선생님을 만져 보고 또 옆구리 상처에 손을 넣어 보아야 믿을 수 있겠네."

도마는 고집이 아주 세었습니다. 마침내 도마를 위해 예수는 다시 나타났습니다.

"여러분에게 평안이 함께하기를……."

도마는 입을 딱 벌리고 말았습니다.

"아, 선생님이시군요. 정말 선생님이 맞습니까?"

"왜 믿지 못하는가, 의심 많은 자여! 그러나 보지 않고 믿지 않는 것보다는 보고서 믿는 것이 낫소. 자, 손을 내밀어 내 손과 옆구리를 만져 보오!"

도마는 떨리는 손을 간신히 뻗어 예수의 옆구리에 난 큰 상처에 손을 넣어 보았습니다.

"아…… 이럴 수가…… 당신은 나의 하나님이십니다. 이렇게 다시 살아나시다니요……."

도마는 기쁨의 눈물을 흘렸습니다.

"도마는 나를 보고서야 믿었지만 나를 보지 않고 믿게 될 자들은 더욱 축복이 있을 것이오."

예수는 이 말을 남기고 다시 사라졌습니다.

이제 세상으로 나가시오

베드로를 비롯한 제자들은 함께 갈릴리로 돌아갔습니다. 예수와 늘 함께 다니던 곳이기도 했지만 베드로와 나머지 제자들의 고향이기도 했기 때문입니다.

게네사렛 호숫가에 모인 제자들은 밤이 새도록 앞일에 대한 이야기를 나누었습니다. 예수의 말대로 세상으로 나가 기쁜 소식을 알리자니 어디서부터 시작해야 할지 막막했습니다. 예수가 있을 때는 그를 따라다니기만 하면 되었습니다. 그러나 이제 예수를 잃고 나니 마치 목자 잃은 양처럼 갈 길을 몰랐던 것입니다.

이제껏 베드로가 제자들의 대표였습니다. 나이도 가장 많았지만 모든 일을 나서서 잘 했기 때문입니다. 그러나 베드로는 예수를 모른다고 했던 밤 이후로 전혀 딴 사람이 된 것 같았습니다. 이 날도 베드로는 제자들의 이야기에 관심이 없는지 먼 곳만 바라보고 있었습니다.

"이봐, 베드로! 왜 자꾸 딴 생각만 하는 거야? 우리도 이제 계획이 필요하다구. 이제까지 자네가 우리 대표였잖아. 무슨 말 좀 해 보게!"

요한은 답답한 나머지 베드로에게 소리쳤습니다. 그러나 베드로는 대꾸도 하지 않았습니다.

'나같이 비겁한 놈을 선생님께서는 참 사랑해 주셨지. 자기를 배신할 줄 아시면서도 그토록 잘 해 주시다니……. 난 정말 죽어서도 선생님을 못 볼 거야.'

베드로는 이런 생각에 빠져 자신을 괴롭히고 있었습니다. 그 날 밤 안나스의 궁전 안뜰에 서 있던 예수의 눈빛을 잊을 수가 없었습니다. 베드로가 소리를 질러 가며 예수를 모른다고 했을 때 예수의 마음은 어떠했을까 생각하니 베드로는 가슴이 찢어지듯 아팠습니다. 베드로는 자리에서 벌떡 일어났습니다.

"가슴이 답답해. 바다로 나가야겠다."

베드로는 자기 배를 타고 바다로 나갔습니다. 다른 제자들도 함께 가겠다고 해서 모두 배에 올라탔습니다. 한참 동안 그물을 내렸지만 고기는 한 마리도 없었습니다. 베드로는 밤새도록 한 마리도 잡을 수 없었습니다.

"베드로, 이제 그만 돌아가자. 오늘은 고기 떼가 없는 모양이야."

요한이 돌아가자고 했습니다. 바닷가에 다다랐을 때 저쪽에 사람 모습이 어렴풋하게 보였습니다. 그 사람이 베드로에게 손짓하며 물었습니다.

"이보게, 고기를 좀 잡았나?"

베드로는 못 잡았다고 대답했습니다.

"새벽부터 고기를 사러 나오다니, 우습군!"

요한이 피식 웃으며 말했습니다. 이때쯤이면 고깃배가 거의 없기 때문입니다.

"이보게, 그물을 배 오른편으로 던져 보게."

그 사람의 말에 베드로는 기분이 이상했습니다. 언젠가의 기억이 어렴풋하게 떠올랐기 때문입니다. 베드로는 마치 마법에 걸린 듯이 시키는 대로 그물을 오른편으로 던졌습니다. 잠시 뒤 그물이 묵직해졌습니다. 베드로가 그물을 당겼으나 힘이 모자랐습니다. 다른 제자들이 도와 줘서

겨우 그물을 끌어올렸습니다. 놀랍게도 그물 가득 물고기가 잡혔습니다. 베드로는 요한을 쳐다보았습니다. 요한도 베드로를 보더니 고개를 끄덕이며 말했습니다.

"선생님이시다!"

베드로는 재빨리 배에서 뛰어내려 곧장 바닷가로 헤엄쳐 갔습니다. 바닷가엔 이미 불이 지펴져 있었고 예수가 홀로 앉아 물고기를 굽고 있었습니다.

"지금 잡은 물고기를 좀 가져오게!"

예수가 베드로에게 말했습니다. 베드로는 배로 가서 그물을 걷고 물고기 몇 마리를 가져왔습니다. 제자들도 달려왔습니다. 예수는 제자들에게 말했습니다.

"자, 수고했소. 이리로 와서 아침을 드시오."

예수와 제자들은 함께 아침 식사를 했습니다. 베드로는 식사를 하면서도 예수를 제대로 쳐다보지 못했습니다. 비겁했던 자신이 너무 부끄러웠기 때문입니다. 예수는 식사를 마치고 베드로에게 물었습니다.

"베드로…… 당신이 이 사람들보다 나를 더 사랑하는가?"

베드로는 갑작스런 질문에 놀라면서도 고개를 끄덕이며 대답했습니다.

"네, 선생님. 제가 당신을 사랑하는 줄 잘 아시지 않습니까?"

"그렇다면 내 양을 돌보시오!"

예수가 베드로를 바라보며 말했습니다. 잠시 뒤 예수는 또다시 베드로에게 물었습니다.

"베드로, 나를 사랑하는가?"

"네, 그렇습니다. 제가 선생님을 사랑하는 줄 당신이 더 잘 아십니다."

"그러면 내 양을 먹이라."

예수는 같은 말을 했습니다. 또 잠시 뒤 예수는 베드로를 똑바로 쳐다보며 물었습니다.

"베드로, 나를 진정 친구로 사랑하는가?"

"네, 선생님. 목숨을 바칠 수 있는 친구로 당신을 사랑합니다."

순간 베드로는 가슴 한 구석이 트이는 것 같았습니다. 예수를 세 번이나 모른다고 했던 비겁한 모습에서 벗어나는 것 같았기 때문입니다. 그제야 베드로는 예수의 마음을 알았습니다.

"참으로 그러하다면 내 양을 먹이시오!"

예수는 다시 한 번 힘주어 말했습니다. 예수는 자기를 늘 목자라고 말했습니다. 그러므로 예수를 따르는 사람들을 양이라고 빗대어 말한 것입니다. 예수는 베드로에게 예수 대신 하나님 나라의 기쁜 소식을 알리라고 부탁했습니다. 그리곤 다음과 같이 덧붙였습니다.

"베드로, 당신은 젊어서는 스스로 가고 싶은 곳으로 다니나 늙어서는 사람들이 당신의 팔을 벌리고 원치 않는 곳으로 데려갈 것이오."

예수는 앞으로 베드로에게 생길 일을 미리 말해 준 것이었습니다. 베드로는 고개를 끄덕이며 마음 속으로 다짐했습니다.

'이제 다시는 선생님을 배반하지 않을 것입니다. 죽을 때까지 선생님 말씀을 따라 세상을 다니며 사랑으로 하나님 나라를 이루어 나가겠습니다.'

예수는 제자들에게 다시 한 번 명령했습니다.

"이제 세상으로 나가시오. 하나님께서 내게 세상을 다스리는 모든 힘을 주셨으니 두려워 말고 가시오. 가는 곳마다 모든 사람을 나의 제자로 삼고 아버지와 아들과 성령의 이름으로 세례를 주시오. 그리고 내가 말한 모든 것을 가르쳐 지키게 하시오. 자, 이제 믿고 떠나시오. 세상이 끝나는 날까지 난 여러분과 함께 있을 것이오."

예수는 이 말을 마치고 제자들이 보는 앞에서 연기처럼 서서히 하늘로 올라갔습니다.

산하어린이 73
목수의 아들 예수

글쓴이 · 최선주
펴낸이 · 소병훈
펴낸곳 · 도서출판 산하
주소 · 110-071 서울시 종로구 당주동 128-27 동원빌딩 3층
전화 · 730-2680(대표)
팩스 · 730-2687
등록번호 제10-197호

제1판 제 1쇄 발행일 1994년 11월 30일
제1판 제 6쇄 발행일 2001년 12월 20일

*이 책의 내용은 저자나 출판사의 서면 동의 없이 마음대로 쓸 수 없습니다.
*책값은 뒤표지에 적혀 있습니다.
*잘못 만들어진 책은 구입하신 서점에서 바꿔 드립니다.
홈페이지 : www.sanha.co.kr   E-mail : sanha83@kornet.net

ⓒ 산하 1994
ISBN 89-7650-131-4 73810

〈산하어린이〉 시리즈

1 참나무 선생님　　박상규 창작동화집
2 연오랑 세오녀　　조호상 옛날이야기
3·4·5 임꺽정과 일곱형제들 1·2·3　　김우일 역사이야기
6 서울로 간 허수아비　　윤기현 창작동화집
7 한국을 빛낸 탐험가　　김정희 탐험이야기
8 여우야 여우야 뭐 하니　　김 목 창작동화집
9 하느님의 눈물　　권정생 유년동화집
10 울면서 하는 숙제　　이오덕 생활이야기
11 차돌이는 환경박사　　김현아 생활이야기
12 해가 뜨지 않는 마을　　윤기현 장편동화
13 신나는 교실　　윤태규 창작동화집
14 바보와 바보　　박상규 창작동화집
15 세계를 빛낸 탐험가　　김정희 탐험이야기
16 너에게만 보여 줄게　　오민진 일기글
17 비오는 날 일하는 소　　한 교실 어린이 모두가 쓴 시
18 공부는 왜 해야 하노　　한 교실 어린이 모두가 쓴 이야기글
19 딸꼬마이　　이상권 장편동화
20 하루나라 하루왕　　이준연 창작동화집
21 상계동 아이들　　노경실 장편동화
22 따뜻한 사람　　박상규 장편동화
23 키다리 풍선 장수 아저씨　　신춘문예 창작동화집 1
24 도둑 마을　　장문식 창작동화집
25 회초리와 훈장　　윤기현 창작동화집
26 동수의 세번째 비밀　　유순하 장편동화
27 아기 장수　　조호상 옛날이야기
28 고독한 가수와 꼬마배우　　이상권 장편동화
29 통일은 참 쉽다　　동시·동화 모음집
30 섬마을 아이들　　신충행 장편동화
31 서울 600년 이야기　　김근태 역사이야기
32 아이쿠나 호랑이　　윤태규 창작동화집
33 윤동주　　정진구 인물이야기
34 혼자서 크는 아이　　어린이 철학동화 1
35 날마다 크는 아이　　어린이 철학동화 2
36 민요기행　　신경림 음악이야기
37 어리석은 독재자　　윤기현 창작동화집
38·39·40 과학을 빛낸 사람들 1·2·3　　유한준 과학이야기
41 나뭇잎 교실　　윤태규 생활이야기
42·43 재미있는 동물이야기 1·2　　오창영 과학이야기
44 친구 없이는 못살아　　북한 창작동화집 1
45 다 타고난 재주가 있지요　　북한 창작동화집 2
46 작다고 깔보다 큰코 다쳐요　　북한 창작동화집 3
47 이 고집쟁이 좀 보세요　　북한 창작동화집 4
48 김첨지의 메주콩　　북한 창작동화집 5
49 신채호　　김서정 인물이야기
50 흥미로운 국보 여행　　배봉기 역사이야기
51 천연기념물 탐험대　　나은경 생활이야기
52·53 꼬마 단군 1·2　　정우상 역사이야기
54 팥죽할머니와 늑대　　지동환 창작동화집
55 사장이 된 풀빵장수　　박상규 창작동화집
56 집을 나간 소년　　현 덕 창작동화집
57 하느님이 우리 옆집에 살고 있네요　　권정생 장편동화
58·59·60 소년 독립군 주몽이 1·2·3　　김정민 역사이야기
61 속담 하나 이야기 하나　　임덕연 생활이야기

62 끈질기게 물고 늘어진 실험관찰이야기　　김기명 과학이야기
63 끊임없이 파고든 실험관찰이야기　　김기명 과학이야기
64 악착같이 달라붙은 실험관찰이야기　　김기명 과학이야기
65 피리 부는 소년　　이주홍 장편동화
66 67 서울에 온 어린 왕자 1·2　　오봉옥 장편동화
68 얼씨구 국악이야기 들어보세　　김태균 음악이야기
69 느릅골 아이들　　임길택 창작동화집
70 71 큰소나무 1·2　　강정규 장편동화
72 이오덕 글 이야기　　이오덕 생활이야기
73 목수의 아들 예수　　최선주 인물이야기
74 절씨구 우리 악기 배위보세　　신장식 음악이야기
75 깨비 깨비 참도깨비　　김종대 옛날이야기
76 휜둥이와 겁둥이　　신춘문예 창작동화집 2
77 백두산 산삼과 메산이　　백두산 이야기 1
78 천지와 돌바늘　　백두산 이야기 2
79 빨귀신 아버지　　연변 창작동화집 1
80 오얏꽃을 넣은 편지　　연변 창작동화집 2
81 선생님이 들려주는 이야기 달력　　교육문예창작회 교실이야기
82 비를 부르는 소년　　김윤배 장편동화
83 신기한 세계여행　　김윤정 역사이야기
84 동글이와 댕글이　　홍윤희 유년동화집
85 신비한 지구탐험　　김윤정 역사이야기
86 나는 무슨 띠일까요　　최향숙 생활이야기
87 일만이천봉 이야기 고개　　금강산 이야기
88 별난 박물관 별난 이야기　　허 완·김제곤 박물관이야기
89 하루살이 이틀살이　　장문식 창작동화집
90 한글이랑 한문이랑　　박성한 생활이야기
91 뻐끔뻐끔 물 속 친구들　　박윤규 민물고기 이야기
92 모나리자 누나와 하모니카　　박선옥 창작동화집
93 열두 달 풍속 놀이　　김종대 세시풍속 이야기
94 공자와 크는 아이　　어린이 철학동화 3
95 소크라테스와 크는 아이　　어린이 철학동화 4
96 석가와 크는 아이　　어린이 철학동화 5
97 이것이 세계 최고　　최향숙 역사이야기
98 역사 여행으로 푸는 불가사의　　김정희 역사이야기
99 백두산 도인 하늘힘　　박윤규 도인 도술이야기
100 이봉창　　최향숙 인물이야기
101 똥 먹는 아빠　　김영환 동시집
102 의식주로 본 지구촌 풍속 기행　　김현숙·김성은 문화이야기
103 진희의 스케치북　　김혜리 장편동화
104 내 꼬리가 최고야　　최향숙 과학동화 1
105 마술사가 다시 태어났어요　　최향숙 과학동화 2
106 내가 이 세상을 만들 거야　　최향숙 과학동화 3
107 천사야 울지 마　　노경실 저학년 동화
108 109 크게 웃지 마 슬퍼하지도 마 1·2　　김혜리 장편동화
110 빨간 우체통　　김혜리 저학년 동화
111 재미있는 상상동물 이야기　　김현숙 옛날이야기
112 강물이 가져온 바이올린　　김혜리 장편동화
113 동화야 나와라 컴퓨터랑 놀자―한국 동화　　김형진·전나영 컴퓨터 동화
114 동화야 나와라 컴퓨터랑 놀자―세계 동화　　김형진·전나영 컴퓨터 동화
115 무지개를 만드는 천사　　이준연 창작동화집
116 올라가는 도레미파　　김 목 창작동화집
117 복실이네 가족 사진　　노경실 장편동화
118 은사리야 잘 있니?　　이영옥 창작동화집
119 달려라 미돌이　　김혜리 장편동화